集換式桌遊教學

鳴弦

集換式桌遊教學
鳴弦

以童心歷劫本書九大關卡歸來，你也能涅槃重生為遊戲化老師！掌握到八大心法和廿四式技巧，再頑劣的學生也能夠享受課堂！

隨書隨機附贈一張卡牌

占卜你的未來教育生涯運勢

Lv1莊子：你會成為快樂的老師，雖然可能會有點阻力，會受到質疑，但最終能收穫成就感！

Lv2孟子：你會成為快樂的老師，但過程中可能會花心、貪玩，但三心兩意也是創作的契機！

Lv3李煜：你會成為快樂的老師，你根本就是個天才，不應該工作得像個奴才！但造化弄人！你要努力加油！避免傷害

Lv4嫦娥：你會成為快樂的老師，敢於創新，你就是第一個登上月球的神話！但是你也可能會感到孤獨！無敵是最寂寞

老師（舉手）！哪有這麼好康？不管怎樣都能夠快樂地工作、教書嗎？是的！良心保證

目錄

推薦序

◎施利華

幾年前的某天下午，無意中看見魏俊華老師在辦公室埋頭苦幹地製作大量精美的卡牌。閒談中得知魏老師正嘗試在日常教學中，為學生引入一套原創的文學知識性卡牌遊戲。這套方法大致上是以收集卡牌的方式，推動學生完成老師所設計的學習任務。起初我不甚理解為何魏老師要大費周章，透過遊戲方式來教授這些與考試關聯性不大的課外知識。幾年過去，透過觀課交流及持續的關注，發現這套教學方式對於高中學生非常受用。在魏老師的教學上，學生無論是課前自學、課堂分享、反思、提問及分組協作任務等都能夠相當投入。以卡牌作為獎勵的吸引度，遠比加分來得有趣，而且更能滿足學生的好奇心。學生在收集這些卡牌的過程中，不斷接觸到有趣的文學知識，而最重要的是享受整個學習語文的過程。

近年來，因配合社會對人才的實際需求及學生未來要面對的各種挑戰。教育界都朝著以學生為本、培養學生自主學習等教學方向發展。熱心的教學同仁們都嘗試在自己的課堂上，運用不同的教學方法以提升教學效能。但老師們普遍面對的問題是學生自學動機不足及缺乏自學的方法。一套教學法是否奏效，其前置條件是學生是否有足夠的學習動機及興趣。學生的學習差異較大，興趣也比較廣泛，學科知識除了用在應付測考以外，難以帶動學生以內需的動力來進行自主學習。老師們把心思放在如何把學科知識以生活化、具體化及聯繫學生自身經歷等方式在教學上呈現，時間及資源的投入極大，但成效卻不顯著。魏老師以桌遊的方式帶動學生學習，可以說是跳脫了學科知識的侷限。他掌握了時下年輕人的興趣愛好及學習特長，大膽地作出了這次嘗試。因為他知道不是每個學生都喜歡學習語文科，但絕大部分的年輕人都有好奇心，都喜歡玩遊戲。透過一個外在興趣把學生的學習動機帶動起來，學生就有了一個「特別」的學習目標。

讓學生感受到學科的樂趣，才能真正讓學生自主進行深化學習，這種學習效果不是測考可以衡量的，學生會研究學問甚至選擇相關學科領域成為自己的事業。教師的角色從以往知識的傳導者演變成教學的設計者，目標是如何引導學生喜歡學科的學習。值得欣喜的是，澳門教育界在創新教育的道路上，從來不缺乏人才與創意。每年透過聯校的交流或教師培訓都能夠看見新的教學思維與方法。「集換式桌遊」正是其中的一個亮點。魏老師的教學分享不僅為年輕老師開拓了發揮教學創意的契機，也讓我們這些在教育界打滾了一段日子的資深老師重新得到了一次啟發。

新手村

歡迎加入這個遊戲，我在這裏的任務，就是引導各位如何成為一位快樂的老師，讓學生也喜歡學習。

在擔任教師這個角色的漫長日子裏，我們經常苦心思索，如何令自己的學生們能夠享受課堂，但是否很少想起，如何令自己也期待進入教室上課？

開始動起寫這本書的念頭，是曾經有一位學生在課堂上，突然說出這句話：「我細個既夢想，就係想要你咁樣既老師！」這句話的每一個字我都記得清清楚楚，所以請容許我用自己的母語廣東話先說出來，這位學生的意思是：他小時候的夢想，就是想要遇到像我這樣的老師。

對於老師而言，聽到這樣的期望與肯定，是無比的光榮與幸福吧？我想這是每一位老師都希望擁有的，所以才想要分享自己如何成為這樣的老師，把這件事情寫下來。

不過，我也還算是一位半新手，因為我在使用的教學方式，可能從來沒有人做過，但我已經感受到一點點成功了，應該可以分享一些心得。

各位小時候都有接觸過卡牌類的遊戲吧？我把自己的教學內容，與一種稱為「集換式桌遊」的卡牌遊戲結合起來，變成一種鼓勵學習行為的獎勵系統，可以持續運作一整學年。

這本書我名為《集換式桌遊教學》，苦思良久，還是決定用這麼正經的名字。雖然現在的新書流行搞噱頭，但是考慮到這種教學方式有可能是世上第一本，那還是取個正式一點的名字比較好（我曾經想過取「澳門首家線上桌遊教學上線啦」，但是發現原來很多澳門人都不知道這個梗，所以還是放棄了……）。

另外，也想過書名的最後一個字，是否要加上一個「法」字，但是想到這本書並不是那種一板一眼，嚴謹地指導方法的東西，我主要想說明的事情，只是如何把課堂變得「好玩」。

老師們應該都曾經讀過許多著重教學方法的書，想必其中都有相當豐富的技巧和實例可以借鑑，但實際應用時卻時常會發現，學生們根本無法像預期般投入。我想原因很簡單，就是因為我們使用這些方法的時候，都容易忽略一件重要的事情，就是如何把課堂變得真正的有趣、引人入勝而已。

直到我發現集換式桌遊教學，可以解決這個問題，更難得的是，它有一種令老師也更加熱愛教學工作的魅力。因為這是老師自己創作的東西，比起一般現成的教具，老師可以擁有更大的靈活度與優化的空間，自然也會更享受製作與教學的過程。我認為相對應的，這也是令學生喜歡你的課堂的基本條件，「期待」必然是需要雙向的，老師每一天都感到自信、並且期望進入教室，學生才會每一次都快樂、並且期待你的每一堂課。

可惜在現實的教育環境中，坦白說充斥著太多負面的感受。也許大家都曾聽過身邊的老師這樣說：覺得自己教的東西和方法，往往都是差不多的內容和模式，已經感到很厭倦了。

集換式桌遊教學也能改變這種現狀！它就是一種永無止境的創作，而且新手入門的條件很簡單，只要求你發揮自己的想像力。當然，也許因為我是一位詩人，不過我想並非只是我比較喜歡聯想而已，我認為這種能力是人的本能，看那些遠古的文藝作品，表現出多少豐富的意象就知道了，他們甚至不是學識豐富的知識份子或藝術家，只是尋常的老百姓而已。

學習也是人的一種本能，但遺憾的是現在為數不少的年輕學子，都並不享受和抗拒學校中的學習，那是現代教育最迫切的問題，我們當老師的都很清楚，已經不能再繼續依賴成績和考試來強迫學生學習了。

我是一位中文科老師，也許讀者是其他科的老師，會擔心是否別科用不上這種特別的教學方式，理科老師是否不如文科老師一般，有豐富的想像力與設計靈感。但你可知道世上最知名的集換式桌遊《魔法風雲會》，其發明者是一位數學家嗎？對學生時期的我來說，數學可是我的宿敵，從前我也覺得文科跟理科是兩個完全不同的世界，但我相信集換式桌遊教學可以改變這件事，它肯定可以用在所有的學科上，只是需要因應內容，調整不同的表現方式。

實際上，我已經看到一絲曙光。在我工作的學校就有一對師生例子：我有一位學生，她很喜歡生物科，她的生物老師也曾經聽過我分享集換式桌遊教學，對此感到興趣。聽說有一天，這位學生興起製作生物科遊戲的念頭，就自發去找老師熱烈地討論起來，此後他們不斷產生新的想法，還用心地記錄思考的過程，目前這款教學遊戲已經在製作中，我也相當期待他們日後的成果。

我想任何一門學科的知識都像一片海洋，永遠沒有學完的一天，所以集換式桌遊教學也擁有創作不完的素材，這就成了這種教學方式最大的一股魅力。

當然，如何開始是一個主要問題，有些曾經聽過我分享的老師，都提出過雖然自己感到很有興趣，但不知道該如何開始的疑問。我只能說，集換式桌遊教學是我自己發明的東西，從來沒有人教過我，所以我也不可能是一天之內就擁有完整的方法與系統，所有事情都單純是因為自己每天都掛在心上，一點一滴累積過來的。數年過去，經過無數的實驗與修正，直到現在還是不斷地更新和創作。

那老師還想問如何開始的話，我的答案就是：從現在開始，你只要有想要嘗試的心，那就已經打開那扇門，踏出新手村的第一步了。

出發前往新旅途，還是有地圖在手上比較安心，不過那張地圖應該由讀者自己去編寫。我時常比喻，教學應該要像在逛一個開放式的遊戲世界，不是那種可觀不可碰，到處都是隱形牆的虛假世界。

學習應該是一種自由的探索，並且由學習者自己主導，現在人們吸收資訊的方式也比過去更為豐富，更傾向於碎片式閱讀，日常看的影像也由從前一兩個小時的電影，到數十分鐘的影片，甚至數分鐘的懶人包、數秒的即時動態。坦白說，現在有多少人買了一大櫃的書，其中有多少本只是翻過幾頁呢？如果要追求效率，該如何閱讀我這本書呢？如果你的閱讀時間也很有限，可以因應自己的需求與迫切性，來決定先閱讀那些篇章。不過，我還是建議按著順序去閱讀，會比較好了解。因此，以下的建議可以視為引導的標題就好：

如果你對教學欠缺目標和方向，希望多思考一下根本的理念，可以先讀天、地、人章，我會先說一下自己如何與集換式桌遊教學「相遇」；若然你時常感到教學工作大起大落，倍感壓力，不妨感受一下平衡的意義，可讀日、月章，這裏已經涉及到理論，包括一些教學心理的設計；如果你已經是個教學老手，就差點創作靈感或新鮮感的話，那就乾脆去讀技、場、星章吧，直接翻開武功秘笈，打通任督二脈。

也許你會覺得這些章節名字怪怪的，不過容我賣個關子到最後再說，這些與遊戲的玩法有關，現在你可以把章節視作一種「關卡」就好。

當然，我想每一本書的作者，沒有一個不是私心希望，讀者都把整本書從頭到尾讀完的。我相信讀畢釋卷後，讀者就會明白，屬於自己的遊戲才剛剛要正式開始，更廣大的世界由你去創造。那麼接下來，如果你有打算按順序閱讀通關的話，容我跟你一起挑戰關卡之前，先說一些故事。

緣起

為甚麼要寫書呢？就是有些事情，用說的實在太複雜，也可能會產生很多即興的想法，倒不如先用文字把它固定下來。

這是我的第三本書。

第一本書《釀詩嘗試集》，是寫給情人的，用葡萄酒寫的情書，以短篇詩文的形式，把愛情釀進酒瓶裏的新嘗試；第二本書《讀詩札記》，是寫給學生的，集合了一些生活靈感，寄望學生可以喜歡閱讀文字，偶爾放下枯燥的學習筆記，試著寫真正屬於自己的感受札記，建立表達自我的信心。

第三本書，本來是計畫該寫給自己了，寫關於人生的夢想，題材還是借用我熱愛的葡萄酒，因為它與文學的結合，還有很大的實驗空間，我喜歡創新，感覺比較有意義、好玩。

讀者看到我對前兩本書的介紹，也許會發現我寫書的兩個方向：第一，有預期的對象；第二，嘗試改變現狀。然而，第三本書於此，仍懸而未決。

出書可以是一件很浪漫的事情，但也避免不了現實，不光是你有酒，我有詩就成事。聯絡出版商、找設計師、談價錢，尤其遇著紙荒時，沒有資助的話，我心難免更慌。畢竟已經有過兩次經驗，感受過翻閱剛寄來的成書那一刻，心情當然是興奮難耐，卻同時亦有一絲無奈，不知該如何安置那數個大型的紙皮箱。

小城澳門寸土尺金，現在就算所謂豪宅，都開始流行開放式的小單位了，敢出書出到「三年抱兩」的我，已經開始有點懷疑自己哪來的勇氣。但這第三本書，確實有些迂迴的故事，是一本必須要完成的作品。

首先是原本的葡萄酒書計畫，資助申請都已經有著落，卻因為遞交文件的問題而擱置。但焉知非福，在我擬定初稿的同時，突然靈光一現，有了更想寫的新點子，但是幾乎需要砍掉重練了。

果然計畫趕不上變化，而且讀者正在看的這本書，也是個「打欃」的（粵語的插隊）。原本的葡萄酒書，希望能夠探討人生的去向或目標之類，有點像是預想退休後的事，但當下我在教育工作上，遇到了一個新的任務，那也是我的理想，很值得寫下來。

近年我在課堂上，使用一套自己創作的集換式桌遊教具，初見成效，其後結合文學圈的閱讀分享模式，就成了表達思考與獎勵系統互補的教學方式，建立起我的個人特色，教育工作越做越有意思。

近期我也開始接到一些教師培訓的工作，平日對我的教學感到好奇的同事也不少，尤其是跟我教同一個班級的老師，經常看到學生在玩一些有趣的東西，都會偶爾來找我私下討論，這樣我是非常樂意解釋的。但當需要一次面對數十人的課堂或講座時，那氣氛就截然不同，恐怕還需要更完善的準備、更具有說服力的東西，必須把經驗和想法整理好一些，那最佳的方法自然就是：著書立說。

當然，我並不打算橫空出世甚麼偉大的理論，理論於我而言雖然是重要的工具，但我更傾向於分享實踐的過程與心得。說到理論，與葡萄酒又有些淵源。

我的品酒老師 Denver，也是一位熱愛思考教學方法的老師，他曾經對我的集換式卡牌有些興趣，其後給我介紹了一套周郁凱先生的《遊戲化八角框架設計》，建議我去研究一下。於是我網購了他的著作，但起初我還是沉迷在開發自己的遊戲，並沒有仔細去閱讀他的理論，初窺門徑後便束之高閣，直到我有了寫自己這本書的打算，才開始深入了解。

結果竟意外地發現，原來自己的遊戲與他的理論有許多共通點，可謂相逢恨晚，許多我自己花了數年時間去改良出來的東西，為了令遊戲更好玩、更有學習意義，原來在他的理論中早有指點。這故事告訴我們，人不應該荒廢學習，會少走一些彎路。Denver 老師如果看到我這一段懺悔，應該也會感到欣慰，甚至可能會對我這本書感到有點好奇。

若老師或家長想認識一些新穎的教學方式，或提升學習動機的方法，那閱讀我這本書是絕對錯不了。至於我的學生，其實我也希望他們能讀一下，因為除了我這個設計者之外，他們就是最了解我這款教學遊戲的「玩家」，或許他們也想知道，自己玩過的這款遊戲的背後設計動機是甚麼。如果能學會，說不定能運用在其他事情上，我期望他們能夠藉此成為一個更有創意、更喜歡自己的學習與工作的人。

最近，在讀學生主動提出希望能參與我的遊戲設計，希望我開一個興趣班，在課後大家一起研究，這是我始料未及的事。另外也有已經畢業的學生，在大學時期攻讀電子遊戲專業，正在把這套遊戲開發成數位版。凡此種種，都鼓舞著我，成為了我寫這本書的最大動力。

因此，這本書我是迫不及待去寫的，這種衝動從來沒有過，希望閱讀這本書的讀者，也是抱持著同樣的心情，就像我們在小時候，與朋友一起玩一款期待已久的遊戲。

角——理念

我想分享的事，就是如何達成「樂教、樂學」。

現今盛行的教育方針，都偏向鼓勵老師翻轉傳統的單向講授，改為引導學生自學、多思考與表達的學習模式。但老師通常在第一步的「自學」上就已經碰到難點，無論如何用心準備講義，或設計很有意思的題目，都無法讓學生積極地課前自學，以便釋出更多課時來進行更深入的討論，培養更高階的思維能力。

原因是學生的自學能力不足嗎？絕對不是，經歷過疫情停課後，令我最為意外的是只要「鼓勵的方法」用得對，即使失去教室與面授的機會，課時大幅減少，大部分的學生還是有足夠的動力，他們是會準備好豐富的自學成果，在網路教室上揮灑自如。

換言之，老師已經可以完全擺脫填鴨式的講授，變成引導、評論與總結的「輔導角色」，把學習的自主權歸還給學生，讓他們明白其中的快樂和益處，才有辦法讓他們在永不該停歇的人生學習路上，走得更遠。

那麼，到底是甚麼鼓勵的方法如此神奇？相信有想法與行動力的老師絕對不少，但也許仍欠缺最後一塊成功的拼圖，我找到的那一塊是：可持續的獎勵系統。

老師使用的獎勵方式，大多離不開分數、記功之類的虛無數字。當然，我們在小時候也很喜歡老師的卡通印章、零食、小文具等，甚至言語上的鼓勵。

我還記得小學時，有一次老師因為大家的成績好，買了一大桶的巧克力餅乾，給每位同學一塊作為獎勵。那天老師還特地要求我們帶面紙，把餅乾包起來等下課的時候再吃，但結果我捨不得，竟然把這塊價值不到一毛錢的餅乾，帶回去給媽媽看。這就是小孩子的天真與快樂，還有對鼓勵的渴望，因為比起老師的獎品，我更希望被媽媽再稱讚一次。

但是，人長大了，尤其在生活條件優渥的現在，還能這麼容易滿足嗎？如果還是把獎勵的性質固定在數字或物質上，只有無盡的追求，或是乾脆變得無感了。至於言語或文字上的鼓勵，那確實是需要越來越深化的評論與引導，但這本來就是教育的一部分，並且很考驗老師本身願意投入的時間與回饋的能力。

說到底，還是先思考自身，怎麼做才能夠快樂、自信地教學？我認為答案就是：去創造！擺脫那些沒有實質意義的數字與現成的東西，親自設計屬於自己的獎勵教具，我的方法就是設計出一套與課程內容相關的集換式卡牌遊戲。

即使人長大了，還是可以擁有簡單的快樂，只要是自己創造的東西，能夠自由控制規則與資源，自然能夠越玩越有意思。

經過數年的努力後，我逐漸完善整套教學獎勵系統，包括理念、設計與運作的方法，不停地改良與更新，這樣就能夠每一堂課都自信地走進教室。此外，這股創作的精神也能夠薰陶學生，讓他們明白到不能夠停止在刻板的學習，追逐不能證明一切的成績。只要勇於創新，把課堂變得好玩了，師生自然都能夠樂在其中。

至少，我希望他們在與我相處的學習階段時，不要過分地在意成績。曾經有一次考試後，我聽說有學生因為成績不如理想而大哭一場，相反的，永遠也有些學生對滿江紅毫不在乎，我覺得這兩種人都需要清醒一下。

分數和金錢一樣，雖然都是能代表一定價值的數字，但要是對此過於執著，甚至產生比較的心理，必然會得不償失。不管在學校還是職場，都充斥著一些厭惡上班、厭倦學習的人，那可能是因為他們只著眼於數字，總是離不開計較、或感到盲目，忘卻了本該投入和努力的事。

所謂活到老、學到老，並不只是為了活得有意義、工作有尊嚴，其實更需要明白的是：求知慾是一種本能。遺憾的是，不少年輕學子在求學階段，都曾經歷過對學習感到迷茫，甚至可能此後一輩子都無法真正體會到，這種本該可以帶來滿足與快樂的能力。

十幾歲的中學時期，是探索自己擅長領域的關鍵時刻，若是沒有尋找得到理想的方向，就會帶著一副茫然的臉踏入大學，最終陷進社會的眾多齒輪當中，默默地轉動人生。

坦白說，我的大學時期，也是懵懵懂懂地過日子，實在沒有感受到多少學習的熱誠。我在圖書館當工讀生，偶爾看看書，有些書讓自己感興趣的時候，甚至會認真地做些筆記，但實在不知為何而準備，對於將來的職業，也談不上有夢想和信心。

直到在台灣讀研究所時，終於擺脫了被動的無聊考試，不用太憂慮成績，只需要專注在寫論文這一件事情上。此時我才真正開竅，明白到吸收知識的樂趣與滿足感，因為研究的題材是自己選擇的，可以讀自己感興趣的書，除了一本接一本地閱讀、研究資料，還跑遍不同的圖書館，在賣二手書的實體店或網站上，尋找寶貴的絕版書。有些更需要拜託各地的朋友，去複印他們才能進去找到的館藏文獻，甚至聯絡作家的親人，請求他們讓我訪問第一手資料等……這一切動力的來源，我想其實很簡單，就只是因為我是自主學習，並非被要求所致。

後來我成為老師，剛開始的數年間，並沒有意識到該重拾過去讀書時的單純與熱忱。原因是教育工作需要顧及到的事情，一年比一年複雜，不管是工作環境還是人事，都讓我重新掉進被動的忙碌中。不過，隨著經驗的累積，不斷的反思檢討與靈感的浮現，我漸漸掌握到自己的特色與目標，創作的力量又回來了。

學生就像一面鏡子，如果老師只把教育看成一份工作，像機械人一樣打卡上下班，上課沒有展現出一點熱血與靈魂，那學生在課堂中自然無法投入，甚至敷衍了事。反之，如果老師能夠與學生一起努力學習與創作，以我教授的中文科為例，當我要求學生思考文章內容與表達想法時，我也會積極回應與提供意見，並非只是打個分數了事。那學生必然能夠體會到老師的用心，並不只是居高臨下輕鬆地指揮，而是一起並肩作戰的先鋒，一起走在學習的路上，並沒有置身事外。

為了更具體地說明學生的感受，來看看幾面真實的「鏡子」，是我執筆寫書這年教的某班學生寫的札記。對學生來說，只有在討論課文或作文時，他們才會用書面語表達，而他們的手寫札記，就像寫輕鬆的日記，所以部分學生會自然地運用口語，請恕我不轉譯書面語，為了如實展示，直接截圖給讀者看：

這些學生札記都是真實、直率的課堂感受，能指出一些他們觀察到的課堂現象，都是持平之論，絕對不是恭維奉承的假話。當然，類似的回饋我已經收到太多，這裏我只是挑選幾位有意思的來舉例：

札記一：這位學生起初並沒有完全認同新的課堂模式，提出曾經因為學習方式的轉變、進度的緩慢而擔憂過，但後來明白到現在的學習更有意義，更有深層的價值。我想這位學生曾經的感受，也是部分老師一開始聽到這種特別的教學方式時，容易產生的憂慮，所以正好引用他後來的體會來解惑。

札記二：這位學生說得很公道，先提出不同的老師教法不同，是理所當然的事，但有些同學可能會覺得我太花里胡哨（我不確定他有沒有搞懂這成語，不過我覺得今年嘅中文堂同以往嘅差別真係好大，以前嘅中文堂就係不斷嘅抄筆記和背野，有時會覺得背嚟好似冇咩用，好似係為咗分數嚟背嘅一樣。但今年真係唔同咗，雖然冇咗抄野嘅過程，進度都好似慢咗啲，但俾我嘅感覺就係充實咗，做嘅野都變得有意義咗。我覺得咁樣先會令我學到更深層嘅野。同理我都覺得你教得好好，你講嘅道理係真嘅有道理，上你嘅堂完全唔會悶，甚至仲會期待上中文堂添！

▲ 圖一　學生札記（一）

心得

其实对于我来说，上中文堂一直都是一件轻松的事，不同的老师会有不同的教法，今年的中文堂我觉得是比往年更有意思，虽然可能因人而异，可能有些同学会觉得太过花里胡哨，但相信大多数同学和我一样，更加喜欢上中文堂。现在上中文堂就真的是场游戏，大家都乐在其中，而我也在不知不觉也学会了很多东西。而在做文学圈的时候也能分享自己的见解，有很多同学分析到更深入的意思，而且大部分都是我不知道的，使我获益匪浅。在卡片游戏上，我认为可以拍视频来讲解，因为一开始真的是一窍不通，而「小老师」在教的时候难免也会出错，所以我认为用视频来做教程能

▲ 圖二　學生札記（二）

我懂他的意思，大概是想說我的課堂很多花樣），幸好他有補充一句，大家更喜歡這樣的課，並且理解我們是在遊戲當中學習。另外，我也很欣賞他會提供意見給我這一點，在學生中是比較難得的例子。

札記三：這位學生的想法，其實是我最常聽到，但也是最怕聽到的：把我與其他老師比較。畢竟我的教學方式比較獨特，很難避免在學生之間成為話題，不過我還是希望引用這段札記，是因為這位學生受到卡牌的獎勵影響，改變了自己的學習行為，從被動學習變成主動，這是我最喜聞樂見的事。

札記四：這位學生的心得最有趣，坦誠說出一開始是抱著稀鬆敷衍的心態面對學習，但後來意外地發現自己越做越認真，起初花不到一小時完成自學的

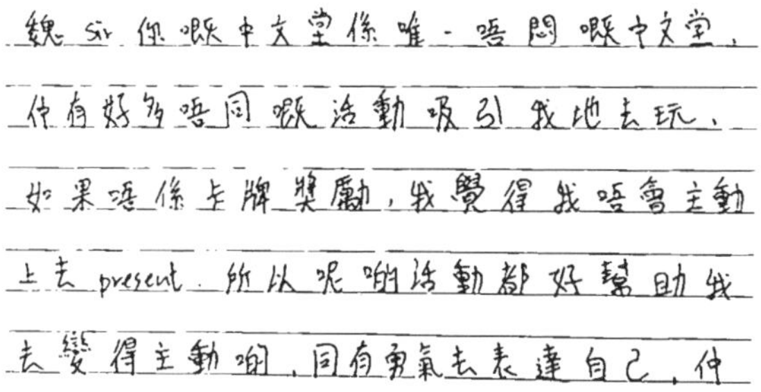
魏sir 你嘅中文堂係唯一唔悶嘅中文堂，
仲有好多唔同嘅活動吸引我地去玩，
如果唔係卡牌獎勵，我覺得我唔會主動
上去present，所以呢啲活動都好幫助我
去變得主動啲，同有勇氣去表達自己，仲

▲ 圖三　學生札記（三）

文章討論，後來變成兩、三小時，加上回覆其他同學的時間，結果一整天都泡在我的文學圈任務裏（當然我覺得這樣說略嫌浮誇，大概他的意思是從早到晚斷斷續續的學習），雖然他前面的話有點花里胡哨，但我欣賞他最後的總結：現在感受到學習是開心的，他可以自由地把自己覺得有意思的東西表達出來。

只要把學習變成一件快樂的事，學生自然有動力持之以恆，繼而才有深化

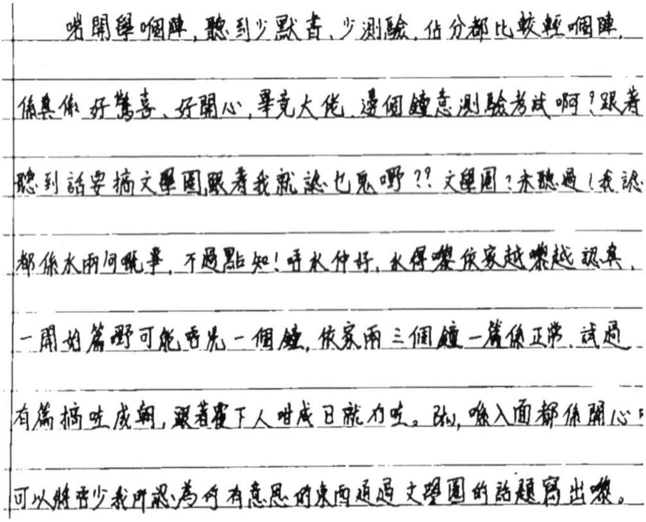

啱開學嗰陣，聽到少默書、少測驗、估分都比較輕嗰陣，
係真係好驚喜、好開心，畢竟大佬，邊個鍾意測驗考試啊？跟著
聽到話要搞文學圈，跟著我就諗乜鬼嘢？？文學圈？未聽過！我諗
都係水兩何嘅事，不過點知！唔水仲好，水得嚟依家越嚟越認真，
一開始篇嘢可能唔洗一個鐘，依家兩三個鐘一篇係正常，試過
有篇搞咗成朝，跟著瞓下人咁成日就冇咗。不過，喺入面都係開心，
可以將唔少我所認為有意思的東西通過文學圈的話題寫出嚟。

▲ 圖四　學生札記（四）

鑽研的可能。我是如何建立起這種快樂的學習氛圍？細心的讀者可能早已感到好奇，我前述的「可持續」的獎勵系統到底是甚麼，那就是「集換式桌遊」，一種以持續收集、交換、自訂牌組與人對局的桌上遊戲。

給各位讀者看，我在五年前剛起步時，製作的第一張卡牌（見圖五）：

非常簡陋、醜到爆，一點都不想收集這種東西，對吧？起初我急於求成，絕大多數的美術設計都只能依賴網路上的素材，當然那是取之不盡的資源，但畢竟我要貼合課程的內容去設計，還是受到很大的侷限。所以，我每年都會物色兩、三位有畫圖天分的學生來幫忙，並且自己在卡牌內容、遊戲玩法上不斷調整與改善。這是後來的同一張卡牌（見圖六）：

除了文字效果是我設計的，人物形象、標誌、底圖、甚至水墨外框，都是由學生

童年孔子(禮儀遊戲)。LV1
生活靈感+20
W001

▲ 圖五

童年孔子。公元前 551 年生於魯國。傳說他年幼時喜歡用祭祀的禮器玩禮儀遊戲。可從牌組找出禮儀遊戲入手
土+20
LV1

▲ 圖六

繪製的，並且每一個細節都是由不同的學生負責，小小的一張卡牌上，就集合了五位師生的心血。

關於這套遊戲的玩法設計和運作方式，容我在本書後面的章節再說明，現在只作簡單的介紹。我想要開宗明義的，主要是創作這套教學遊戲的核心理念——快樂地自主學習。剛好這張角了色卡牌「童年孔子」，其設計的靈感來源，正是快樂學習的代表。

《史記．孔子世家》中有記載，孔子小時候喜歡玩陳列「俎豆」的遊戲，那是一種古代祭祀的禮器，孔子藉此學習禮儀相關的事情。我的遊戲借用傳統文化的陰陽五行來定義分類，包羅文學作品中的各種意象，其中土屬喻指生活相關的事情，童年孔子因為從生活遊戲中學習（有點類似我們小時候玩過的家家酒），所以這張卡牌的主屬為土。另外，角色卡牌形象圖的上、左、右，分別象徵為天、地、人，借用《易經》的三才概念，而我重新定義其喻指命運、環境、才華。童年孔子的環境有金屬，金屬喻指歷史，原因是他玩遊戲的這些禮器，是一種歷史文物的傳承。至於孔子的才華有火屬，火屬喻指人類，呼應的是孔子長大後為人師，講仁學，對人類影響之深，源自於他的思想與天賦。

再舉一例，同樣作為童年角色的孟子，關於他小時候的故事，想必各位讀者有聽過「斷機教子」吧？給一個提示，水屬喻指情感，這樣應該能猜到為何小孟子的主屬為水吧？且看卡圖：

設計的靈感就是因為小孟子是被母親的情緒管理術給嚇壞後，才懂得學習的好處。至於「地」的設計添加土屬，靈感來源則是「孟母三遷」的故事，「人」的設計添加火屬，道理與小孔子相同。

簡單又有趣，對吧？各位讀者應該已經摸索到一點集換式桌遊設計的門道，主要有兩大方向，首先必須要有創作的理念，然後是一些意義的設定作為根基。我的基礎理念就是希望學生能在遊戲當中學習，讓他們感受到學習是一件快樂的事情，就像小孔子一般（小孟子應該也懂，只不過是先被嚇一嚇，跟搬家三次之後的事）。至於意義的設定，我隨後會在這本書裏陸續舉例介紹，但若讀者希望創作屬於自己的教學遊戲，不必照單全收，可以因應自己的教學內容重新設計，這也是桌遊教學最有趣的地

童年孟子，小時候被媽媽斷
機教育，搬家三次後才乖乖
讀書，長大後很會說服別人
可從牌組找出斷機教子入手
水+20
LV1
▲ 圖七

方，只要結合學科知識與遊戲效果，設計者可以衍生出千變萬化的玩法組合。

可能讀者還是會感到疑惑，自己設計的這些卡牌遊戲，真的就能吸引學生更積極、快樂地去學習嗎？不急，這本書會把整個獎勵系統的設計和盤托出，等深入到內在動力和遊戲心理的部分，讀者自然會明瞭（我們教學生也該如此，把遠處的目標先展示出來，他們才會有動力邁步向前）。到時候，我會借用周郁凱先生的《遊戲化八角框架》來說明，他有一句願景的話，令我印象深刻，正好為我談及理念的這一章作結。他說，如果遊戲化能夠成功，想必可以達到：

「人們想做的與必須做的事情之間，將不再有明顯的分野。」

天——命運

天、地、人，我們最不能控制的是命運，但有機會靠自己的選擇改變環境，才華則是完全掌握在自己手中的能力。

回憶起準備碩士畢業的時候，我已經心急如焚地發送履歷找工作。當時人尚在台灣，收到兩則電郵回覆，說起來有點微妙的經歷。

某校甲跟我說，不用急著回澳門，待我正式畢業以後，再回來面試就可以了。但我還是放心不下，一周後撥打電話，詢問有甚麼事情需要準備，對方竟然告訴我說：

已經請到人了。

我覺得有點沮喪，心裏不明白，當初為何要答應給予我面試的機會呢？錯失了是自己的問題嗎？

聯絡某校乙時，我已經學聰明了，直接回覆說願意馬上趕飛機回澳門面試一趟。對方足見誠意，但最後卻提醒我說，來校時謹記先找誰誰誰，他會告訴我面試時該如何說，小心別說錯話。

他的語氣帶點命令的感覺，乍聽像是提醒，但又像警告。他這句話讓我苦思良久，感覺苗頭不對，探聽消息後才知道，裡頭將要有一番龍爭虎鬥，看來情況不妙。

數日後，我遊訪高雄市的蓮池潭龍虎塔，塔內供奉至聖先師孔子，我心念近日煩惱工作的事，求得詩籤，解籤的意思大概是：不必擔心，雲霧將要散去，天放晴後，很快就會有好結果的。

果然信則靈，半個月後，我就收到中學母校的電郵，過程順利得很，就一直工作到現在了。那是我最感恩的事，要不然，我還差點去了當保險業務員……（記得那位經理還調侃我說：當甚麼老師？門外就有幾位離職來到這裏的老師呢！）

這就像是上天註定好的事情，只有必然，沒有如果。誰能肯定地說自己適合成為社會上的甚麼角色呢？只有經歷過的人，才有資格說。

人生的選擇雖然有許多，但某些前因，必定影響著某些後果，這是很難預測的事情，這就是命運。

我在開始教育工作後的數年間，留下許多美好的回憶，但說不上有理想的目標，儘管付出多少努力，當中還是有許多不滿意的地方，尤其是缺乏自信心。

當人受到挫折時，偶爾會回想起最簡單、最快樂的童年時光，我的桌遊教學最初的靈感來源，就是小時候玩過的一款集換式卡牌遊戲——The Miracle of the Zone 大貝獸物語。

大貝獸物語的基本設定，是一位召喚師可以打出三張召喚獸卡牌，我的角色卡牌（通常是文學作家、歷史或傳說人物）的「天、地、人」設定，打出三張靈感卡牌的設計，由此而來（靈感卡牌是我的桌遊其中一種卡牌類型，通常是來自於文學作品中的詞語）。由於它的玩法是以做「組合」為目標，我認為這樣的設定，符合文學作品由各種靈感文詞拼湊而成的意義，並不像其他類型的卡牌遊戲，多以血量、攻防數值之類的系統去設計。

童年的我會接觸這款卡牌遊戲的主要原因，是因為那時候有發行中文版的實體卡，畢竟簡單易懂的關係，所以很多同學都在玩。說起來，還有些尷尬又慚愧的小故事。

記得那時候班上有一位同學，為人特別率性又慷慨，他的家裏亂七八糟地堆放著一些遊戲卡。我們幾位同學登門造訪久了，已經忘記是誰領頭的，我們開始會幫他「整理」這些遊戲卡，只是順勢看到幾張喜歡的會帶回家而已……

那位同學也知道我們的所作所為，但他卻毫不在意，直到後來情況越來越嚴重，他才小抱怨一下說：「好啦不要再偷了。」我們幾個小賊才金盆洗手，改過自新。

小時候道德觀還沒有建立好，甚麼胡亂的想法跟行為都不意外，坦白說我為了那些心頭好的玩具，還曾經想過打破玩具店的櫥窗偷東西，現在回想起都覺得可笑。

更蠢的是，為了多賺一些零用錢買遊戲卡，我還開始做起幫同學們抄筆記的勾當，一堂課的筆記一塊錢，然而當時一包遊戲卡大概也要十幾塊。所以印象中我的「生意」在最高峰時期，班上幾乎一半以上的筆記都是出自於我手，為此我還練出許多種不同的字跡，以防被老師發現。

幸好，這樣的心機和經歷，沒有讓我長大成人後，成為不法之徒。反而因為那時候特別辛勤，所以我的學習成績還算不錯，最好的時候還考過第一名（同樣的東西抄筆記複習十幾二十遍，誰都會變學霸）。可見，玩樂的動機是一種可圈可點的東西，若能善加運用，還是會有益處。

如果我們可以把小時候簡單的快樂，為了遊戲而努力的精神，這種心情與付出也用在其他有意義的事情上，不是很好嗎？所以我長久以來都在思考著，有甚麼方法可以實現這種理想。

某天，當我再次經過小時候買遊戲卡的那兩間店鋪，才發現其中一家已經倒閉了，變成了操練作業、無聊透頂的補習社，另一家則賣掉大半間，只剩下一角暗沉的小店。

我進去與老闆聊天，當然他早已認不得我，但回憶起舊時光，卻能發現原本面容有點憔悴的他，雙眼也泛起一點亮光。

他苦笑著說，現在守在這裏，只是因為希望有個地方可以待著過日子，也許他是在等待我們這些從前的小孩再次來臨，找他聚舊吧。看著他孤身一人，心頭有點酸，也不敢問他老闆娘去哪了，以前他們總是在一起，或許她已經不在了。

如果這間店也消失了，附近就已經沒有玩具店了，這悲哀的現實讓我不禁懷疑，現在的小孩跟從前小時候的我們比較起來，能一樣快樂嗎？

他們應該也有玩遊戲，只是變成五光十色的電子遊戲而已，沒有從前的我們來得純樸，但資訊吸收得更快更廣，只是幾乎整天都被手機綁架罷了。他們把青春歲月中不少寶貴的時間，都消耗在社交媒體跟短視頻上，這樣的生活將來回憶起來，應該不是很快樂吧？我們能抵抗這種科技所帶來的命運嗎？

如果我們不試圖去改變，命運就會讓我們的人生，只有一種結果。

當然，要扭轉命數並不容易，我們的文學歷史或神話傳說，早有許多故事告訴我們這件事。

在我教學生的課程裏，我想最令人難以忘記的應該是李煜。雖然普遍認為他只是個敗亡的君主，治國無道，但好歹他也在位十五年，不太可能毫無建樹。要說抵抗大宋，那可謂蚍蜉撼樹，李煜也並非完全放棄抵抗，曾去信吳越請求合作，只是缺乏審時度勢的眼光，終於被背刺而失敗收場。

當然，李煜的確在鳳閣龍樓中花天酒地了前半生，他與大、小周后的故事，也毫不忌諱地描繪於作品中。但在前五位兄長均已去世的情況下，命運強迫李煜當上一國之主，既無治世之才，還要是個多情的藝術才子，該當奈何？但能為世人留下傳誦千古的美詞和書畫，應該已然無憾。

所以李煜的「天」設計為金與水屬，因歷史身份與個人情懷，是他最主要的命運與特色。至於「地」和「人」的設計，是呼應課文《破陣子．四十年來家國》中的意象，如上闕詞中寫道他前半生的生活環境，有玉樹瓊枝等珍稀的自然事物相伴（土木），而下闕詞則寫他被迫離開家國時，還在揮淚對宮娥（金火）。

卡牌的效果也有特別意思，靈感來源是因為他自棄帝號，改稱國主後終至亡國，所以他的效果是棄掉「場地卡」（我的教學桌遊中的一種卡牌類型，通常是文學作品中的場景，或歷史朝代。）

順道解釋一事，因為遊戲效果的設計必然是對己方有利，所以通常僅作呼應喻意，不會完全貼合史實。以李煜的效果為例，是取其反義，即棄對方場地而非己方。

除了文學作品，我也有少數卡牌與中國傳統文化節日相關，例如中秋節時，我會講到嫦娥奔月的故事，想必讀者小時候

李煜，又稱李後主，南唐亡國君主，多情而富才華，善寫詞及書畫，被稱千古詞帝
出場後可棄置對方的場地卡
水+50 金−20
LV2

▲ 圖八

嫦娥，神話人物。因與丈夫后羿被貶凡間而不服，偷吃靈藥後飛至月宮，孤獨終生
出場找出一張中秋系列入手
火、土+50
LV3

▲ 圖九

都有聽過。跟上一章的老規矩，再跟讀者玩個猜猜看遊戲，請你們先看這張嫦娥的卡牌設計，然後結合印象中的神話故事，能明白為何嫦娥「天」的命運部分是火和土屬嗎？（提示：火為人類，土為生活）

這也許有點難度，畢竟大家小時候聽過的嫦娥奔月，故事版本可能有些差異，大概有分「護藥」與「偷藥」兩種，但因為唐朝詩人李商隱，寫下一句人們至今仍耳熟的「嫦娥應悔偷靈藥」，所以大家記憶中的大多都是偷藥版本。

其實，偷藥版還有一些更複雜的細節，前因是天帝與日神羲和誕下十個太陽，令百姓苦不堪言，射神后羿受命而擊落其中九個，卻因此觸怒羲和，被貶凡間。

羲和感到大仇仍未得報，竟再化身成人類接近嫦娥，唆使她對后羿報復，理由是她感到自己變成凡人後，失去從前便利的法術，不適應人間的生活而責怪后羿。結果一氣之下，她吞掉后羿找回來的兩顆靈藥。

本為夫妻二人各自吞下一顆，便可一起重返天庭，但嫦娥因受騙而一時氣憤，獨吞靈藥後孤身飄往月宮，此時才得知一切都是羲和設下的圈套，致使夫妻二人永世相隔，要他們同樣感受到她與孩子的永別之痛。

李煜與嫦娥的故事，都充滿著造化弄人的諷刺。命運有時候的確令人十分難堪，當我們想去努力抵抗了，卻又可能迎來更大的困境與挑戰。但儘管如此，我們就該放棄嗎？

坦白說，我聽過太多老師感嘆，現在的學生一年比一年難以教導，這確實是我們當下的苦況。有時候甚至會消極地認為，這只是社會環境的問題，令老師這種職業變得不好擔當。

但我始終相信，只要我們有投入足夠的熱誠，把理想的目標一直放在心上，把握好各種命運中的相遇，自然會不斷產生新的靈感，幫助我們走向未來，推動我們去創造屬於自己的人生，這樣必然可以做到無悔、無憾。

地——環境

李商隱的〈嫦娥〉，是中秋節日的經典老梗，各位讀者應該跟我一樣，老早在小學的時候就認識。但是在我的時代、那個年級，老師翻譯一下內容後，通常只管叫你抄寫背誦。為了成績，那確實讓我們對一些作品滾瓜爛熟，但可能只限於表面的字詞，對於內容和意義，大多數都是不求甚解的。

我曾經問過一位學生，「雲母屏風燭影深」的「雲母」是甚麼，他竟然回答我說：應該是李商隱看著窗外的一朵雲吧？（幸好他沒有接著說，李商隱覺得那朵雲像他媽媽……）

雲母其實是一種礦石，我也把它變成其中一張靈感卡牌：

70
雲母
「雲母屏風燭影深」李商隱
雲母是礦石，可裝飾屏風。
燭光映照著暗室，令人孤寂
此卡如置於「地」，可從牌
組找出一張中秋系列入手。

▲ 圖十

它的效果與「地」相關，正如前述，我以「地」比喻環境，因為詩中的雲母是一種點綴環境的物品，所以效果與之相關。

雖然學生猜錯了，但其實我向來是鼓勵學生，不要怕文言文，它們說到底還是中文字，與我們現在說的、寫的比較，主要只是語法系統上有差別，簡單來說就是比較凝練罷了。所以當我們面對這些似懂非懂的古文學作品時，不要害怕去猜測它的意思，猜錯了不是更印象深刻嗎？

老師塑造出讓學生有信心的學習環境，是一件非常重要的事。

也許有些老師也跟我一樣，心中曾經浮現過這樣的想法：在考試制度文化、角逐比賽榮譽的影響之下，儘管我們總是宣稱那些都不是最優先的事情，但作為前提與基礎，我們有成功建立過一個純粹的學習環境嗎？能有信心說一整年的教學大部分都很愉快、學生大多數都感到自己學有所成嗎？

非常困難，如果上述的社會、教育環境不改變的話，甚至覺得可能畢生都沒辦法達成這樣的事情，也不意外，對吧？原本我也是這樣想的。

但在我認識了遊戲化的八角框架以後，反思過去的鼓勵學習或教育方法時，我才驚覺現代的學校，尤其是中學以後，可能都在製造著一個不快樂的學習環境，有違人類本該熱愛學習與充滿好奇心的天性，只是為了迎合社會大眾追求的虛榮和勢利。

我想為數不少的前線教師，可能很多時候都在苦惱學生為何不願意學習，不重視成績，甚至缺乏責任感。但我們身為教育工作者，又是否真正在傳達著學習、吸收知識的快樂？作為學生的榜樣，是否已經摒棄刻板的照本宣科，嘗試運用自己的知識與才華，去創造真正有特色的教學，向學生分享著自己的努力與熱愛付出的人生？

以辛勤付出後能獲得成就感來說，其實老師相較於社會上的各行各業，也許已經算是非常幸運的一群了。

不幸的是，在勢利的社會環境下說這句話，人們可能首先聯想到的，是因為薪水和工作穩定的關係。

那到底幸運何在？我認為至少有兩項。

第一：我們有固定的觀眾。一般來說，老師只要教到一個班，這班學生都會跟隨自己一整學年，所以我們有充足的時間去表現。

第二：教育是一種非常適合發揮創意的工作。只要你的環境允許，甚至鼓勵你這樣做的話。說到這點，我亦非常感恩自己的母校，能提供適當的教學自由讓我去嘗試，這種可能全澳門、甚至全國都沒有出現過的教學方式。

其實直到後來我被邀請舉辦一些講座與培訓，獲得一些教育同仁的認可與回饋時，我才開始有信心去寫這本書。只要老師們明白了我的理念，任誰都可以去自行創造出專屬於他們自己的教學遊戲。

不過，人不管命運多好，自身多有才華，還是有可能受限於環境。曾經，我與一位以教師為理想職業的姪子，分享我的集換式桌遊教學時，他提出一個令我深思的問題：這聽起來很有趣，但是我將來任職的學校，會讓我這樣做嗎？

一方面我挺意外的，是他年紀輕輕已考慮到這種問題。另一方面我卻感到有些受到打擊，他提醒了我說，這樣特別的教學方式，能順利推廣給其他老師，幫助到他們改變自身的教學環境，從而感受到工作的快樂和滿足嗎？

所以，除了學生的學習環境很重要，老師的工作環境也是非常重要的。

坦白說，我無法完全解決姪子提出的疑問，畢竟我不可能預知他在將來會遇到甚麼樣的工作環境，那地方的管理層又是否能接納他自由去發揮。

我只能說，謹記一個原則：先做了再說。成功了，學生認同了，才有說服力。就像儒家思想的老智慧《論語》中的一句話：「先行其言，而後從之。」才能取信於人。

說到儒家，又得再提一下孟子，之前說過的孟母三遷，也是很經典的環境教育例子。這故事也變成我的遊戲卡牌之一，但類型不是已經出現過的角色卡和靈感卡，而是一種我稱為「成語卡」的類型。

除了之前提過的小孔子，原來小孟子也是愛玩學習遊戲。孟母與他起初住在墓地附近，他就「嬉遊為墓間之事」，就像小孔子玩祭祀的遊戲，他也玩起拜祭的家家酒。只是他不像小孔子單純地擺設禮器，還扮演起送葬的人哭喪起來，難怪孟母嚇得立刻搬家，天天讓他這樣慘叫還得了？人不死都給他吵死了。

接著，他們就搬到市集旁邊，欠打的小孟子又玩起模仿遊戲，「嬉戲為賈人炫賣之

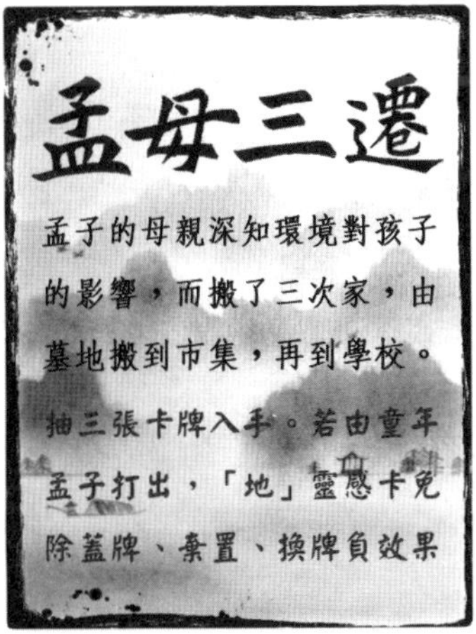
孟母三遷
孟子的母親深知環境對孩子的影響，而搬了三次家，由墓地搬到市集，再到學校。
抽三張卡牌入手。若由童年孟子打出，「地」靈感卡免除蓋牌、棄置、換牌負效果

▲ 圖十一

事」（這裏的「賈」不讀姓的「假」音，讀作「古」，古時稱商人為賈人），這次他就學起商人叫賣的樣子，還是老樣子的吵，只是沒有像哭喪那麼淒涼而已。

但坦白說，我能理解這個真的好玩，記憶中我到八歲的時候，第一次搬家，還是天天在自己的房間裏玩模擬買賣的遊戲。因為我在小時候常跟著媽媽去街市，覺得攤販出貨收錢的行為很有滿足感，而且當時我還沒有兄弟姐妹，所以還得自己一人分飾買賣兩角，後來聽家人回憶說，那時候導致他們一度懷疑我的智商有問題。

最後的結果，大家都知道了，孟母與孟子終於搬到靠近學宮（官方學校）的地方，小亞聖總算跟隨上至聖先師的腳步，「其嬉遊乃設俎豆，揖讓進退。」同樣玩起擺設禮器，學會禮貌和願意乖乖讀書了。

讀者看到這裏，雖然只是看過幾張卡牌例子，但是了解過我的意義設定後，應該已經能夠掌握到我的設計方式。簡單來說，就是把故事的內容與遊戲玩法綁定即可（通常都是與得益或損失有關的效果）。以這張為例，即把「三遷」與抽牌（得益），環境教育與免除負效果（復原損失）連繫在一起，藉著遊戲效果，加深學生對學習內容的印象。

既提到儒家的故事，道家哪可以不湊一腳？更何況比起孔孟，我私心更欣賞的思想家是莊子。教材中的《知魚之樂》，應該不少讀者都有記憶，畢竟兩個大男人像屁孩一樣鬥嘴，以平常正經的課文來說，實在有夠標新立異。

小時候看這故事，可能只會覺得莊惠二人很好笑，成熟一點後再讀，也許會發現惠子很會引戰，莊子的回應也很心機。但經歷過社會磨練的人來看，誰知道誰是否快樂這種事，其實細想起來，也是有些許悲傷，就像老師只為了趕進度，根本沒有心情去理會學生是否真正想學、學得快樂，只能靠他們自己說（前提是老師有勇氣去大冒險，並且確定那是真心話）。

角色卡莊子的設計，也是跟知魚之樂的故事有關：

莊子就是一個很會辯論，也很會應付引戰的人，並且擅長觀察身邊的環境，所以他的效果設計也與「地」有關，順手拈來就是一堆比喻。除了在橋上知魚，還有一則《莊子釣於濮水》的故事，可能較少讀者聽過。

有一天莊子在釣魚，有兩位大夫受楚王所託，來請莊子出仕。莊子又重施故技，掃視一下附近環境，隨意找個生物來

莊子，喜說寓言的道家，與
惠子於濠梁上辯知魚之樂。
「地」的牌面靈感值可任意
調整：加或減五十點及以內
土+50
LV3

▲ 圖十二

比喻，這次不拿魚拿烏龜，反問兩位大夫說：聽說你們楚國有一隻神龜，死的時候已經三千歲了，死後牠的龜甲被珍藏在宗廟。請問你們覺得牠比較願意死去，然後受人尊敬，還是比較願意活著，在爛泥中打滾呢？

兩位大夫當然沒有惠子聰明，直直地掉落進莊子的陷阱中，回答說他們的選擇是活著。莊子就很高興地告訴他們：所以你們可以回去了，我的想法跟你們一樣。

這裏莊子是利用對手的矛盾，這就好像最近網路上流行的「yes，but」對比。由於社交媒體流行的當今環境，人們已經習慣將自己生活中風光的一面上傳分享，期望身邊的親朋好友羨慕並且點個讚，這就是「yes」的假象，但「but」事實上，美食是否真的好吃，美女是否沒有修圖，背後的真相永遠不為人知。

莊子也同樣厭惡那種表面風光的環境，就像利用儒家思想建立起來的政治體系，也清楚自己安於貧賤的個性，不為權勢利益所誘惑，漠視成就千古，寧可逍遙一生，當一隻爛泥中的烏龜更爽、更自在。

這故事中，莊子這一棋也下得很利害，要反對別人的最強招數，就是讓他們先認同自己。兩位大夫既已作出選擇，也不好辯駁下去，否則就會自打嘴巴了。這樣大家一樣滿身是泥，對手也變成站在自己這一邊，自然就可以立於不敗之地。

在我的遊戲中，關於這則故事的靈感卡「神龜」，也被設計得太「屈機」（強過頭的漏洞）：

也許是因為我太仰慕莊子，所以關於他

20
神龜
《莊子・秋水》寫莊子以神
龜寧願活著在泥中打滾為喻
拒絕楚王的使者邀請他出仕
只可置於「地」，然後對方
該角色結算前不能再抽牌。
▲ 圖十三

的卡牌，都很容易不小心就設計得太強。雖然這張「神龜」已經有必須置於「地」的限制，但對方角色結算前不能再抽牌的效果（呼應故事中的楚使無法讓莊子出仕），還是曾經被少數學生發明出與其他卡牌搭配，打出一連串讓對手難以招架的效果，甚至讓較弱的對手這一局永不翻生（這種學生放在三國時代，搞不好是能想出連環計的奇才）。這種在開局就能夠造成致勝結果的情況，作為設計者的我看來，算是一種漏洞。

循規蹈矩的教學法，很容易埋沒了學生的聰明才智，但是如果先把學習變成一種好玩的遊戲，你就會發現整班的氣氛都很輕易地活化了，漸漸地那些從前被認為不熱愛學習的學生，也會變得較願意去思考和表達。

就像莊子利用來找麻煩的惠子與大夫，我也運用集換式桌遊教學，把課堂變成一種遊戲的環境以後，我才發現有些學生意外地聰明。他們很會破壞你的遊戲規則，害你時常得去修改，這聽起來是有點麻煩的事。但我認為調整也是設計的一部分，需要經過一些聰明的學生實驗過，才能知道有哪些問題存在，繼而把它變得更完善。

正如遊戲化的專家周郁凱先生所說：「所有遊戲之內都擁有遊戲元素與遊戲機制，但是大部分遊戲都無法成功，只有少數仔細設計的遊戲讓人保持高度投入。遊戲化需要高明的設計才能真正奏效，並且在玩家與遊戲製作者之間創造長遠的關係。」

令學生投入的教學環境，正是我們當下的教育中最缺乏的東西。我想最高明的教育也是如此，單憑老師的一己之力是難以成功的，仔細的設計得依靠老師與學生（設計者與玩家）的共同努力，只要不忽視任何學生的各種才華天賦，將其變成優化學習環境的一部分，這樣想必老師也能獲得學生的認同與回應。

人——才華

早期我在實驗桌遊教學時，校內其他老師並沒有注意到這件事。數年後，當我的學生常拿著那些卡牌在討論與交換時，開始有一些好奇的老師會來找我詢問：他們到底在玩甚麼這麼開心？每天都很期待上你的課。

起初我跟其他老師分享我的方法時，他們儘管有躍躍欲試的興致，但總是擔心自己沒有能力去設計。但如果我說，其實只要會用 google 跟 office 軟件，幾乎就能辦到所有事情，你會相信嗎？

卡牌遊戲的設計，真的是可以相當簡單，我一直以來都是個標準的電腦白痴文科生，並不會使用任何高端的設計軟體，但我有的是各種對細微之處的執著，我想這部分可以彌補一些我在美術上的弱勢。

例如，細心的讀者也許會發現，我的卡牌上的文字描述，左右兩側是完全對齊的。可以想像我是如何鍵入那些內容吧？就是不斷的修改，直到字數剛好為止。首先，我要考慮那些文學資訊（黑字），是我希望學生認識的，再來是思考遊戲效果的描述（紅字），加上全形符號，每一行都必須剛好是十二個字元。

為何要這麼費勁？其實也還好，畢竟我是喜歡寫作的中文老師，調整那一點文字對我來說是很輕鬆的小事。至於原因，單純是因為我們常用的中文是一種四方結構的印刷字體，加上卡牌也是方形外框的設計，如果組成段落的文字也能變成同樣的形式，從美觀上來說就會比較統一。

我的卡牌還有更多設計上的細節，但我想不必在這本書裏詳述。這裏我想告訴其他老師的重點，是我們都可以發揮各自所長，畢竟我們是在創作一件專屬於自己的東西，能善用自己的優點與能力，才會更容易感受到其中的喜悅和樂趣。

當然，我也能夠明白最大的困難是時間，尤其在開始進入社會工作，或是擁有自己的家庭以後，我們很難抽空去培養一些技能。例如繪圖，我實在沒辦法自己創作，雖然小時候曾經有過當畫家的夢想，說起這件事，也有些回憶。

我在小學的時候，很喜愛畫畫和看漫畫，但因為家裏窮，不輕易給我買漫畫雜誌，所以我常模仿手上那些僅有的少量漫畫。後來，我想出一個很不錯的點子，可以兩全其美，就是與另一個同學交流。他畫他擁有的漫畫，我畫我的，然後再加上一些自己原創的作品，我們就像一個小小的漫畫家，兼當起編輯，定期出版漫畫書來交換，這樣既可以滿足畫畫的願望，彼此又可以獲得更多的漫畫看了。

可能讀者會覺得很奇怪，為甚麼我們不乾脆交換漫畫書？我也不知道為何，可能這就是種創作魂，大概現在我會變成一個出書的作家，也是那時候就開始萌生的興趣，不過那位同學後來變成一位金融才俊了。

我也並沒有成為一位畫家，因為小時候發生過一件事，讓我畢生難忘，也因此放棄了這個夢想。

有一天上美術課時，老師突然問大家說，有誰平常喜歡練習畫畫的，可以下課後把作品拿給她看。聽罷，我對這件事情莫名的期待，於是回家翻找一些自己覺得好看的作品，隔天下課時拿給老師。結果，她皺著眉頭看了一會，只冷冷的說一句：這些不行。就把所有作品丟回給我，自此以後，我就不再喜歡畫畫了。

不管學生是否真的有才華，但當老師的人，至少不應該輕易埋沒學生的興趣。不過現在回想起來，我並沒有怨恨那一位美術老師，因為沒有把愛好堅持下去，說到底還是我自己的選擇。反過來說，因為這件事情，讓我成為別人的老師後，更慎重地看待學生的天賦與才能。

不過，人還是會有疏忽的時候，這讓我想起采瑜，她是其中一位幫忙過我繪製卡牌的學生，前面出現過的李煜和莊子都是她的作品。

采瑜不只有畫圖的天份，甚至會寫有趣的藏頭詩，她有一首「花落知多少」，起初我並沒有發現，是課堂上互評的時候，才被其他同學提醒我：

花瓣悄悄地，悄悄地
落在你這個懵懂的人的肩膀上
知了的叫聲，劃破了身後遊思妄想的景象

多少夢想碎片遺留在

少年時

因為那一次是這班學生第一次寫詩，所以難免會有一堆形式呆板或寫得跟散文一樣的作品，原先我實在沒想到會讀到這麼有趣的東西，一時就沒注意到藏頭的用心。而且我還自作聰明地幫她修改了一句分行，影響了她原本的格式，還鼓勵她拿去投稿，真是慚愧。

時光飛逝，轉眼三年過去，她也將要畢業去升讀大學了。又再一次令我意外的是，她決定要讀中文系。

我本身也同時擔任升學輔導的工作，偶爾遇到想讀中文系的學生，我會特別好奇與關心，畢竟他們可能會成為同門師弟妹。那年輔導的學生中，除了采瑜，還有另外兩位學生也想讀中文系，巧合的是，他們遇到同樣的難題：家人原本都希望他們讀醫或護理，對於他們的中文系夢想，阻止的力度與方式各有不同，或堅持反對，或好言相勸。但無論如何，孩子通常都避免不了從小就建立起一種心理：不想讓自己的父母失望。這就是造成掙扎與苦惱的主要原因。

理科比文科實用，這種偏見我想不必多爭論，懂的人自然會懂，沒有經歷過的人，都沒有資格批評不了解的事情。

反正將來要後悔也是自己的事，並不是別人叫你後悔的，所以別人的話也不應該放在心上，至少不要放在一個重要的位置上。說到底，還是回歸自己的心，和學生談這方面的事情時，我主要想了解的原因只有一個：為甚麼想要研究這些東西呢？

當然，也不必然是熱愛，我回想曾經的自己，也只是單純的別無他選，與其他同學比較，自己只有喜歡寫詩這一特別之處，但說不上有多少信心與準備，就慢慢走上了中文系這條路。

路上沒有多少崎嶇，不曾有過動搖，我想這是一種幸運。但要說找到自己真正投入與熱衷的目標，那是許多年以後的覺悟，回想起來，好像也沒有甚麼必須要經歷的過程，只看各自的造化罷了。看似漫長的一生，在浩瀚的世間看來，也許只像一夜短暫，但那天夜裏花落多少，別人又能知多少呢？

只要記住，人到了某些關鍵的時刻，必須要相信自己的才華，那是邁向成功的鑰匙。對於沒經歷過的學生，我們為人師者，就該幫忙解開那些疑惑，讓他們少走些彎路。

如果讀者是為人父母的話，我希望你們不要像我方才說的望子成醫，或是我小時候那位美術老師。可以學學孟母，她那斷機教子的智慧，剪刀一下割破那塊織好的布，好比自以為最理想的人生規劃，一塊布換來孩子從此踏上真正屬於自己的道路，值不值得？

以生活資源的小犧牲，來啟發受到驚嚇的小孟子，屬性的效果意思，應該不言而喻了。至於所謂無限屬，指不受五行屬性所限制，可以在該位置使用任何屬性的靈感卡牌，這是一種透過效果強化，來強調某些特殊意義的設計。斷機教子的喻意，自然是為了呼應孟母令小孟子明白了用功學習的重要，令他得以成才，故強化在「人」的位置。

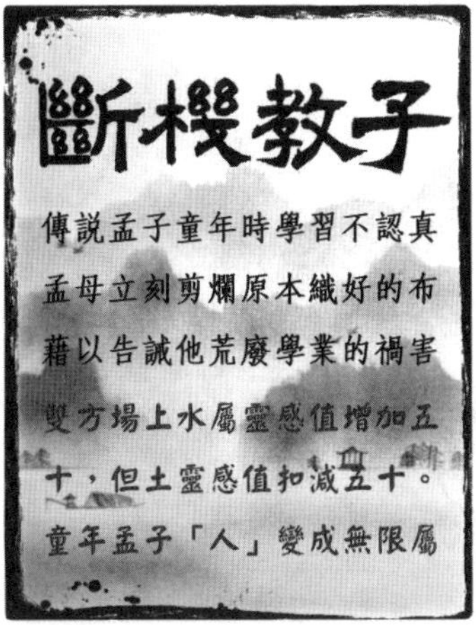
斷機教子
傳説孟子童年時學習不認真
孟母立刻剪爛原本織好的布
藉以告誡他荒廢學業的禍害
雙方場上水屬靈感值增加五
十，但土靈感值扣減五十。
童年孟子「人」變成無限屬

▲ 圖十四

當這種無限屬性在角色卡牌上表示時，平常的五行屬性則會改為陰陽太極，如同樣是采瑜繪製的另一版本的李煜：

這張是被囚禁的李煜，強調了「地」和「人」的位置，喻意是他在此時的環境與情思均落入極端的情況，而其「天」與另一版本比較，則少了金屬，餘下水屬，那是比喻他亡國的命運。此外，這張卡牌的效果設計也是另一個巧思，亦與亡國有關，因其故國南唐歷時三十九年，故效果以四十的數字限制來呼應。

李煜，亡國後被封違命侯，
遭軟禁在汴京三年後被毒殺
對方「地」「人」不能打出
牌面靈感值四十以上的卡牌
水、金+20
LV3

▲ 圖十五

除了繪圖設計以外，我也曾嘗試在課堂中加入一些「支線任務」，讓學生自學閱讀其他文學作品，然後自行設計一些新的卡牌。只要符合我的字數要求，遊戲效果的設計能呼應相關的文本意義的話，就能獲選成為正式的卡牌加入圖鑑，並且原創者能優先使用自己設計的卡牌。

我把整年的教學內容變成一個遊戲，所有作業以「任務」來稱呼，卡牌則是「獎勵系統」。任務的「主線」就是恆常的教科書內的課文，然後「支線」通常是我選定的補充教材，一些與課文有關的延伸閱讀，例如講過《知魚之樂》的課文後，又補充一些莊子的其他寓言故事。又或是適逢中國傳統節日時，如中秋、新年、端午等，講些有關的故事、文化習俗或詩詞。

還有一些特別的卡牌系列，例如《澳門民間故事》，我希望學生透過閱讀這本書，能更了解自己的成長之地的歷史與文化。書中的故事也被製成「澳門系列」的卡牌，例如其中的「猿人石」：

10
猿石
傳說遠古時的澳門是猿人國
猿王將忠義的猿臣處死或放
逐，化為路環龍爪角的奇石
此卡若置於「人」的位置，
可從牌組找出一張場地入手

▲ 圖十六

傳說猿人當家的遠古時代，被稱為諫議大夫的猿人，希望猿王帶領大家開啟心智，進化成更具智慧的人類。但這提議遭到猿王的反對，牠認為現在作為獸類的生活更快樂，加上受到身邊的佞臣唆擺，所以妄判諫議大夫為欺君之罪，將牠放逐到天涯海角。諫議大夫被困在海邊的岩石之間，飲恨而終，化作澳門路環南山海旁的一塊大石，此石現今尚存，人們觀望時，會發現它確實酷似猿人面孔的側影。

猿人本生於自然，故屬性為木，其效果條件為「人」的位置，是呼應故事中的諫議大夫，希望猿人們能獲得才智變成人類，這樣就能建立更優越和幸福的人類之國，所以最後的效果與場地卡相關。

諫議大夫雖然改變不了猿人的命運，那是因為當時的猿王統治環境並不適合，後來猿王自甘墮落而終致滅亡，猿人們擁立了新的猿王，牠極力推行改革後，終於實現了進化為人類的目標。

所以一時不能達成之事，若能堅持去推行，慢慢地去改變，總會迎來天地人和的時候。我相信教育也是如此，現在我朝著的方向已可預見，教師能夠找回熱誠，學生能夠愉快學習，這樣的光景已經不遠了。

前面我說故事比較多，也許讀者看到這裏，還是很好奇到底整個遊戲是如何運作。接下來的章節，就會開始深入到遊戲心理與技巧的部分，只要學懂這些，你們就能發現設計教學桌遊是一件多麼有趣的事情，與它值得發掘的無限可能。

我也希望我的學生，不要只當一台學習機械，只顧著追逐數字，他們只要找到自己的靈魂與善用才華，未來在各自專業的領域，想必也能夠擁有無限的喜樂與成就。

思考的驛站

在這本書完成的數個月前，文友洛書給了我一些意見。她是幫助我聯絡出版商的恩人，因此她通常是第一個閱讀初稿的讀者。以下紀錄一些我們當時的對話與想法，我認為很適合放在這本書約三分之一的地方，是時候歇息、思考一下：

洛書：我看到這裏感覺應該算是第一章的結束，是否應該要在一開始的目錄，先加上第幾章節的說明？

鳴弦：章節的部分我是故意的，以遊戲的佈局設計來命名，不希望以第一章、第二章這種循規蹈矩的方式來表現，因為這本書的精神就是創新。

洛書：我不太懂你的遊戲卡是怎麼玩的，是不是應該要在這裡先解釋一下，同學們是怎麼玩這個遊戲的，這樣我才會明白如何設計這個教學遊戲。

鳴弦：我在辦教師培訓的時候，也有老師聽完後很心急地提問，到底遊戲是如何進行的。但我想說的是，遊戲的玩法其實是最不重要的部分，並不是知道了玩法就有用。最重要的是背後的精神和道理，玩法的設計，會因應自己的遊戲經驗與教材的內容而改變，但核心的精神是唯一的，也是我必須首先說明的東西。只有明白了當中的意義，才能去創造屬於自己的東西，找到真正屬於自己的教學成就與快樂。至於玩法，我會放在最後。

洛書：我覺得你那些天、地、人的章節都很有意思，但可不可以在它們之前先增加一個樹狀圖？因為對於初學者來說，無法輕易聯繫與掌握，如果有樹狀圖的話，就可以比較容易理解。

鳴弦：樹狀圖這種東西，只會更容易令讀者把這本書當成一本工具書，這讓我想起現代速食文化造成的問題。現在不少老師都很依賴教材，喜歡購買現成的教具，這當然不能怪老師，老師是一種很忙碌的職業，背後要承擔許多別人表面上看不到的工作，大家通常只看到進來教室上課的老師而已。因此，難怪老師會急著在書中找方法，但這樣始終會吸收不到真正屬於自己的東西，不知道這些方法對於自己的意義是甚麼。若然大家只是一味參考新的教學法、尋找精美的教具、上網下載別人的教材，教學工作是永遠不會令人感受到快樂的，因為這些東西都不是自己創造的，只是急著用最少的時間去盜用別人的東西而已。甚至，老師會對於教學工作感到厭惡，原因是背後很多繁重的事務，加上老師並不知道該如何去找到成就感與快樂，而這正是我想透過這本書去改變的事情。

讀者看到這裡，我想應該要開始進入「設計」和「運作」的部分。從前我在教師培訓或講座時會用「營運」一詞，後來覺得會令人聯想到營利，但我想表達的，是將引發行為動機的心理應用到教育之上，因此還是撇除任何與利益相關的事情比較好。

讀者在前面聽了一些故事和道理，我想建立的無非是一種使命感，希望無論是教師或學生，都能透過有趣的遊戲化教學與學習，找到更大的信心和樂趣，然後使用它來幫助更多有需要的人。

「使命」就是我前面提及過的遊戲化八角框架理論的第一項（我認為是最重要的一項），這套框架由八大核心組成：一、重大使命與呼召；二、發展與成就；三、賦予創造力與回饋；四、所有權與占有欲；五、社會影響力與同理心；六、稀缺性與迫切；七、不確定性與好奇心；八、損失與避免。

有興趣了解的讀者，可以去看周郁凱先生的著作《遊戲化實戰全書》，我在本書中引用到關於他的發言和理論，均來自於此書（2019初版12刷）。因為引用的內容就只有一本書，所以我也不作任何頁註，從前我讀研究所時已經看膩了嚴謹的論文格式，這裏就容許我一言了事罷。

由於我不是要寫論文，而是直接講解如何實現遊戲化，將這套框架放在我的集換式桌遊教學上來檢視，為方便說明其設計和運作，我依原核心順序簡稱如下：使命、成就、授權、擁有、社交、稀缺、未知、虧損。

這八大核心還有兩種分類方法，使其環環相扣：左腦和右腦核心動力，白帽與黑帽遊戲化。

先說前者，即我們常聽到的象徵式說法，左右大腦分別處理邏輯和感性，邏輯左腦與第二、四、六核心相關：成就、擁有、稀缺，感性右腦則與第三、五、七核心相關：授權、社交、未知。

其中的差異，我們可以從外在、內在動機的對比來理解：

「左腦核心動力的本質是目標導向，右腦核心動力則是體驗導向。外在動機的重點是結果，內在動機的重點則是過程。」

關於上述核心作如此分類的原因，還有一段更具體的說明：

「左腦核心動力通常仰賴外在動機，亦即你是為了想要獲得某樣事物而採取行動，無論對象是目標、物品、或者任何你無法取得的東西。另一方面，右腦核心動力則大都與內在動機相關。你運用創造力、與朋友出去，或者感受不確定性的懸疑感，並不是為了目標或獎勵。這些活動本身就會帶來滿足感。」

或許這樣分類還是較難理解，不如直接套用在現代教育的問題上來舉例，周郁凱在書中有一段很值得教育工作者們反思的話：

「在我們的教育系統內，從內在動機轉至外在動機的負面轉變，已經成為一大問題……談到學校與訓練的時候，學習的內在動機很快會轉為獲得優秀分數、取悅父母與老師、贏得同學尊敬、以及取得職涯必需的名校文憑等外在欲望……學生經常不再關心學習本身，只會做出達成這些外在成果所需的最低限度工作（有時包括抄襲別人的作業，或許考試作弊）。他們甚至忘記當初為甚麼要學習這些教材。」

我想絕大多數的教育同仁，都會認為這段話確實發人深省，因此探討內外動機對學習行為的影響，是一個相當有意思的議題。不過，由於我的集換式桌遊教學是一種獎勵系統，加上讀者未必看過周郁凱原著的理論，為免令讀者感到太複雜，我在應用他的八大核心來解釋我的教學遊戲如何發揮作用時，我只取其另一種更適合解釋獎勵用途的「白帽和黑帽」分類來說明：

「白帽核心動力是讓我們覺得強大、圓滿、以及滿意的動機元素，讓我們覺得能夠控制自己的生活與行動。相較之下，黑帽核心動力讓我們著迷、焦慮，以及上癮。它們對於激勵我們行為的效用強大，但是長期而言會讓我們感到不快，因為我們覺得對自己的行為失去控制。」

白帽與第一、二、三核心相關：使命、成就、授權，黑帽與第六、七、八核心相關：稀缺、未知、虧損。但只依靠這種分類，會遺漏了第四、五核心：擁有和社交，因此在以下的介紹，我會將「擁有」與黑帽動力一起討論，因擁有亦意味著可能害怕失去，較接近「虧損」，而「社交」則放在白帽動力來分析，因其需要超越自我的特質，從而得與他人的關係更為密切，較接近「使命」。

簡單而言，白帽可以提升人們的滿足感，通常偏向正面的動機，而黑帽則可以刺激人們的投入感，反之是偏向負面的動機。這種黑白相反的理論，有點像我們常比喻父母教育小孩時，需要一個來充當白面，另一個來充當黑面的道理，既相反又互相配合，目標是一致的。

請讀者想像，如果只有溫柔的母親一味地鼓舞與獎勵孩子，而缺乏嚴厲的父親去要求與懲罰的話，這樣的孩子會乖乖地學習和做事嗎？顯然不會。因此，聰明的讀者應該很快就能掌握到，這樣分類的重點就是：平衡。

日——白帽

「重大使命與呼召是最主要的白帽核心動力，而且經常在玩家旅程的發現與加入階段產生重大影響力。正確使用的時候，這項動力強調了活動背後的意義，並且強化另外七項核心動力。」

想必許多老師都十分認同，每一學年的第一堂課，都是非常重要的。從前我剛入行時，前輩老師都會提醒我說，第一次上課時，必須嚴肅地板著臉，並且說明清楚自己的要求和規矩。

可惜，我的個性辦不到，雖然我明白當老師有時候就像一個演員，但我就是沒有這種天分，也不擅長擺出下馬威。

我認為更重要的，應該是告訴學生，為甚麼要聽我的課吧？

雖然可以說，他們本來就需要來學校，所以上這堂課是理所當然的事。平常老師們也很愛說，學習是一種責任，讀書為了這個、為了那個，各種不容置疑的理由。但是這樣聽起來一點都不吸引，也無法真正引起學習動機。

「來聽我的課，你就當作玩一整年的遊戲。」

這就是我的開場白，當然，這只是為了引起好奇。

玩家進場後，首先要清楚目標只有一個：就是透過學習，令自己變得更好。

以中文課來說，主要的內容是文學和歷史，那都是前人在過去留給我們的經驗，也是我們花一輩子都讀不完、掘不盡的寶藏。那學習這些過去的東西，對我們的未來有甚麼幫助？我認為是加強我們的思考與表達能力。

中文這一堂課與其他語言科目不同的地方，主要是我們不用消耗大部分的時間去學習陌生的語言，能集中去討論那些更有研究價值的文章，然後嘗試連結古今，表現出當下的意義。

了解目標後，下一步要思考的就是「使命」，同樣是開始的階段就顯得非常重要的東西。如果我們學習一件事情，只是為了自己，對別人沒有任何幫助的話，很難從中獲得圓滿的意義與成就感。

但我們不需要把它想像得過於偉大，否則會感覺距離自己太遙遠。使命只需要包含一些犧牲小我的因素，如果能成功把利己和利他結合起來的話，就能找到最強大的動力核心。

要說明使命為何物，老師這種職業是相當具有優勢的，我們本身就該以言傳身教為己任。如果我們希望學生用功，那就只需要向他們展現出自己熱衷於學習的一面，而並非向他們嘮叨一堆道理，誰都懂但不會做的事，缺乏的就只是動力與榜樣而已。

我的學生能明白我製作教學桌遊的過程，雖然它消耗我不少的精神與時間，但我之所以能夠樂此不疲，是因為我發現它能夠提升學生的投入感，幫助他們明白學習的快樂和意義。

我甚至開始奢望，自己的努力能夠為世界帶來一些改變，但我無法肯定，純粹只是覺得做這件事情有意義，這樣就足以讓我感受到自己的付出與創造有價值。

當我解釋完自己的使命以後，陸續有些學生會主動來找我，說他們也有興趣一起製作這套教學遊戲。所以後來我們不只是在玩樂中學習，更把同學都變成研發小組，分為文學、美術、設計與宣傳組，各自承擔不同的任務，圍繞著那些本來容易感到沉悶的課程內容，將它們變成有趣的學習遊戲素材。

文學組由喜歡閱讀與寫作的同學擔任，負責從文學作品中找出重要的或有趣的內容，然後編寫成卡牌上的文學知識。美術組由喜愛畫圖的同學擔任，負責繪製遊戲中的各種圖像，再使用電腦修改合成。設計組由擅長桌遊的同學擔任，負責研究卡牌的玩法，開發與學習相關的比賽任務。宣傳組由精通手藝的同學擔任，負責整理其他組的成果，製作成可以展示的壁報，與同學們互動的實體教具，或拍攝與後製一些相關的影片。

這樣一起動手做，就是白帽核心中的「授權」，是一種授予玩家創造機會的動力。這項動力被形容是一個「關鍵的長青引擎」，但亦是最難設計和執行的系統，若能成功啟動它，就能引發其他核心動力，例如「成就」。

有些對我的教學桌遊感興趣的老師，會運用課餘的時間私下找我的學生，了解他們如何設計和研究玩法，讓我的這個研發小團隊變成小老師，我想這也算是一種成就。「成就」也是白帽動力的其中之一，被描述為「妥善執行其他核心動力的自然結果」。

若從遊戲設計的根本，即玩法與結果上來說，成就還可以運用比較老套的積分或排行榜等方式來呈現。但我認為那始終不是重點，只是比較低端的手法，容易令遊戲又退回到計較數字得失的問題上。

後來，我使用一種段位的設定，以傳統文化中的地支來命名，把原本比較複雜的遊戲玩法拆分，當學生的比賽成果累積到一定程度，就會提升段位，開啟更多的遊戲元素與學習內容，這樣就能讓學生更容易上手，也具有更清晰的遊玩過程與目標。

集換式桌遊還有一種最突出的強項：社交。「集換式」顧名思義，與一般的封閉式桌遊不同，它具有無限的創造空間，亦有完整的收集玩法，更重要的是與其他同學的交換行為，可以帶起班上的投入氣氛。

我曾經對某一年任教的班級做過一些問卷調查，其中一項為「我喜歡收集圖鑑，這樣使我對課堂上的人物或故事產生更多興趣。」認同的學生高達95.1%，另一項調查是「我與同學交換卡牌時，感到有趣並覺得幫助了同學或得到幫助」認同的學生亦有90.7%。由此可見，集換式教學桌遊能夠建立起一種氛圍，比較傳統的教學方式，能明顯地讓學生更關注課堂上的內容。

不過，部分老師可能會感到疑慮，如果自己也嘗試設計教學桌遊，學生是否只是顧著在玩遊戲，忽視了應該學習的東西？

首先，我們不能只注意到遊戲的過程與表面效果，有些影響力並不是立即見效的，至少比起傳統的授課方式，把集換式桌遊融入教學，能讓學生產生更多的記憶點。曾經有學生在問卷調查上回覆我說，因為他很討厭背書，所以測驗時經常忘記溫習過的內容，但有一次卻因為記得收集過某一張卡牌，才突然又想起了答案。

如果老師更希望使用著重知識的設計，可以在遊戲中加入一些玩法機制，學生必須具備某些知識，才能獲得有利的遊戲效果。例如我有一種卡牌類型是「題目卡」（一種遊戲道具，非學生收集的卡牌），讀者此前已經見過的靈感卡、成語卡的遊戲效果（紅字部分），學生要使用前都需要先翻開題目卡來回答，內容包括錯別字、讀音，或一些語法問題，例如病句、修辭等，或其他語文知識，如六書辨識、一詞多義等，這些以前會出現在考卷上的內容，通通都變成遊戲元素之一，學生就不會抗拒認識了。

此外，若學生熟悉了我的集換式桌遊後，會發現我時常以遊戲效果來呼應原典的意思，也是另一種更有趣的記憶點。在遊戲的玩法佈局上，天、地、人是放置靈感卡的地方，而日、月則是放置成語卡（日和月的玩法分別是明著展示及蓋著打出），這裏就以兩張成語卡為例：

溫故知新是一個完整的成語意思，即從溫習舊知識的過程中，我們可能會獲得新的領悟。但我曾經遇過有學生錯誤地分開理解為：溫故，知新。變成我們要溫習舊知識，同時也要學習新知識。所以為免再有學生誤會，我把效果設計成一種條件式的連動效果，視棄牌中的成語卡數量，以此比喻舊知識，增加相應的靈感值（即同樣計算在靈感卡右上角的數字），引發起的增益效果，則呼應知新的意思。

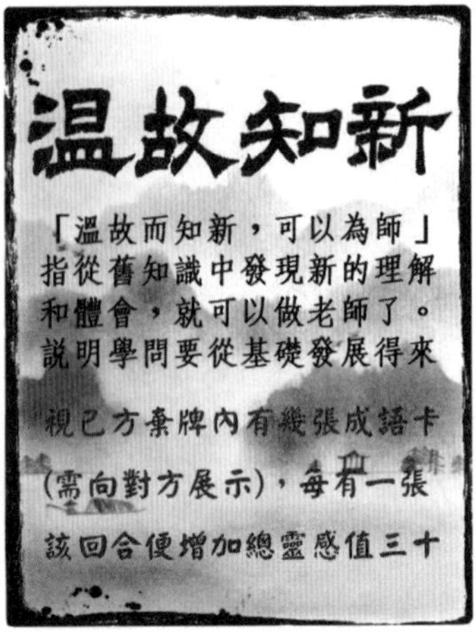
溫故知新
「溫故而知新，可以為師」指從舊知識中發現新的理解和體會，就可以做老師了。說明學問要從基礎發展得來
視己方棄牌內有幾張成語卡(需向對方展示)，每有一張該回合便增加總靈感值三十

▲ 圖十七

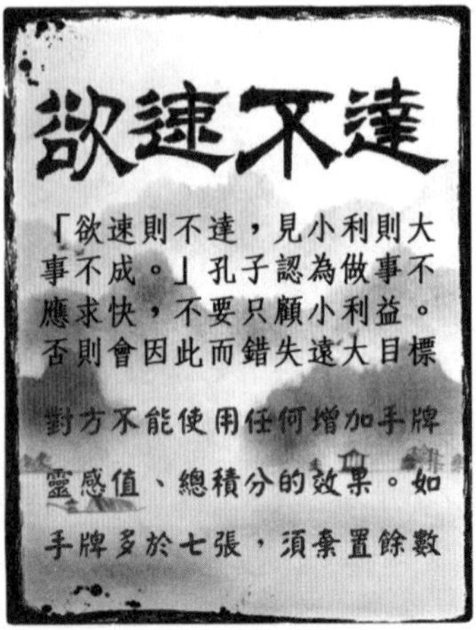
欲速不達
「欲速則不達，見小利則大事不成。」孔子認為做事不應求快，不要只顧小利益。否則會因此而錯失遠大目標
對方不能使用任何增加手牌靈感值、總積分的效果。如手牌多於七張，須棄置餘數

▲ 圖十八

這張欲速不達就更簡單易懂了，顧名思義，越急於求成，便不能達到目的。所以遊戲效果的設計上，就是阻止對方使用增加手牌、靈感值的效果，妨礙對方加速累積獲勝的資源。聰明的讀者也許已經發現了，這張欲速不達，不就完美克制上面的溫故知新嗎？是的，如果甲方先在「日」的位置明著打出「溫故知新」，增加了靈感值，而乙方在「月」的位置蓋著打出「欲速不達」，到雙方角色比拼結算時，甲方就會感到很意外，自己原先的得益被扣回了。玩過一次這樣的遊戲後，也許學生會記得，溫故知新是好的，但如果「欲速」地「溫故」，那就不達知新了！

這樣教、這樣學，很好玩對吧？當然，世上也許沒有幾個老師會這樣黑白來教啦（閩南方言，我在台灣讀書時學到的，也很好玩）。只是開個玩笑，但我想這樣玩一玩，這兩個道理學生都能記住了。

月——黑帽

相對白帽動力而言，黑帽動力擁有更迫切的吸引力，但同時亦可能會產生負面的情緒，例如感到自己不夠努力的話，將會招致損失。

其實從傳統教學上來說，這種無形的壓力是經常發生的事，但為何它無法轉化為動力呢？現在越來越多的學生，對學業或成績感到提不起興趣，寧願得過且過，即使是成績名列前茅的學生，亦坦誠地告訴我說，其實他們並不享受學校中的學習，努力地獲得好成績，只是為了不希望排名落後。造成這種情況的原因，也許是由於白帽動力並沒有發揮足夠的作用，導致黑帽和白帽之間未能達到平衡。

「如果只提出一則關於損失的訊息，使用者無法直覺看出應該怎麼做才對，經常會造成反效果。第八項核心動力會變成反核心動力，使用者則進入否定模式。」

這段解釋「虧損」動力的說明，是否令人聯想到那些總是不停在訓話、或總是強調成績與名次非常重要的老師呢？也許這麼說老師會感到冤枉，明明自己已經很苦口婆心地告訴學生，甚麼才是正確的學習態度，為何這樣也算是單方面強調了損失呢？

但這時候老師可以思考一下，自己在白帽動力方面，是否做到對等的程度？例如當你表現自己的使命感時，是否能獲得學生真誠的認同與共鳴？在教學進展的過程中，是否充分地培養出學生的成就感？學習任務又是否有提供充足的機會讓學生發揮創造力？班上互動的氛圍又是否建立得良好？如果以上這些事情都沒有做好的話，那麼課堂自然是只有一片暗淡了。

光明的部分，並非靠講的，道理雖好，也不用時常掛在嘴邊宣揚。真正能夠平衡黑暗的光明，並不單純是一種正確結果的宣示。

其實生活中我們也時常感受到，即使明白事情怎麼做才是對的，但始終提不起勁去做，甚至選擇躺平讓事情持續地惡化，原因也許是我們沒有在一個適當的環境中，靠自己領悟出來。

在教與學的關係中，由於學校已有牢固的校規制度，犯錯的後果和懲罰已被明確地放在眼前，負責引導學生的老師，經常只是擔任執行規矩的角色，不斷提醒學生錯誤行為與學習懶惰的嚴重性，單方面強調了虧損的核心動力，這樣只會帶來反效果。

解決這個問題的關鍵，是不需要強調那些容易令學生感受到急切、焦慮的需求，黑帽動力就彷彿是一位黑夜中潛行的刺客，必須靜悄悄地滲透，以達到刺激動機行為的目的。最好的隱藏處理方法就是遊戲化教學，這樣學生就會在不知不覺的情況下，投入了學習當中。

但遊戲化要成功，本身必須要具有一定的魅力，才能夠吸引人們去做出我們所期望的反應。有一種人類天生就喜好的行為，就是收集和交換，也許在遠古時代，人類為了生存就必須收集各種物資，然後包括以物易物的各種交流方式，也就自然地產生出來。

「一旦某樣事物讓你感到擁有，在你心目中的地位會開始提升，激發你做出不同行為。」

這就是集換式桌遊令人著迷之處，而且這種心理上的重視，經常是沒有意識之下產生的。當枯燥的知識和道理，化作可以收集和交換的實體卡牌時，過去老師總是苦惱學生抗拒的學習行為，也變得能夠輕易地推行了。

這是一般的桌遊都辦不到的事情，那些市面上可以買得到現成的教學類遊戲，通常都是一盒封閉式的遊玩形式。當實際使用時，老師會發覺學生的興趣無法持久，甚至有些設計很爛的遊戲，從一開始就令人不感興趣了。而且，開放的集換式桌遊可以無限地創作下去，靈活度也是其他桌遊無可比擬的。

這裏特意強調集換式桌遊教學的好處，原因是黑帽動力其實大多都與遊戲性相關。集換式的核心玩法就是引起人們的收集興趣，當教學內容從沉悶的教材中跳脫出來，變成可以收集的話，會更具有實在感，也許這才是最名副其實的「掌握」知識。

這就是「擁有」的核心動力，學生除了會收集與課程內容相關的卡牌，還需要將它們組合成一副可以比賽的牌組，所以他們會期待獲得新的卡牌，也樂於思考如何更新和改善自己的牌組，這種玩法也是一種強化「擁有」的表現。

「擁有」的動力設計在我的集換式桌遊教學中，經常會與黑帽的動力搭配，例如前述的「虧損」，我不再需要依賴成績懲罰、道理訓話等，而是反之以獎勵的方式呈現，虧損的設計則隱藏在其中。學生參加我所有的學習任務時，都會因應他們的成果而獲得相應的隨機卡牌，當他們付出的努力不足時，便會獲得較少的卡牌獎勵。

「我們害怕失去已有的東西，但是我們也害怕失去可以擁有的東西。」

這句話非常有道理，那就是我們粵語常說的「唔好洩底」（不要吃虧），當學生沒有把握好每一次當下的學習，就會錯失良機。此外，集換式桌遊教學還能引起另外兩種黑帽動力，是成績這種單純的數字所辦不到的，就是「稀缺」和「未知」，這也是集換式獨有的強項。

我的教學卡牌有一種「稀有度」的設定，即使有時候學生遇到自己比較不擅長的課題，結果表現不夠好而獲得較少的獎勵機會，還是有可能因為幸運而獲得稀有的卡牌，這種設計能鼓勵學生，讓他們不會輕易氣餒，放棄學習。

另外，還有一種設計是「限定卡」，學生只能透過完成某個學習任務，才能獲得一種期間限定的卡牌，錯過了便不能再擁有。當老師只有成績在手中的時候，能讓學生時常感受到當自己學習表現不好的話，會很吃虧嗎？非常困難吧，但集換式桌遊教學就能夠輕鬆地辦到了，利用「稀」和「缺」的心理來鼓勵學習，比單純令人厭惡的訓話和成績有效許多。

至於「未知」，正如前述，我的學生在完成學習任務後，均會獲得卡牌抽獎的機會，這種引發好奇的心理，更能激勵人們行動的道理，想必也無須贅言，在我們的日常生活中早已比比皆是。另外，集換式桌遊的玩法，本身也是具有類似的機制，使用一副牌組來遊玩時，其過程中就有許多未知的因素。

雖然稀缺、未知都是比較容易牽引情緒的黑帽動力，但只要把學習的內容融入當中，例如前面提及過的題目卡，學生為了能令自己在比賽時有更大的優勢，便會盡可能地記住卡牌上的問題，這樣就足以鼓勵學習，達到豐富知識的目標。

總括而言，讀者應該能夠明白黑帽和白帽動力平衡的重要，其實在我設計的遊戲玩法上亦有暗示，明確白帽與隱藏黑帽的道理，「日」的位置是正面朝上出牌，「月」的位置則是反面蓋著出牌。這裏再舉兩張與「月」的效果有關的卡牌例子，故事都帶點隱藏的意味（卡圖是學生設計我的卡通形

0
哂
「夫子哂之」哂是譏諷的笑
因為子路過於自信，不謙讓
孔子笑了，笑到你心裡發寒
此牌可蓋牌置於「月」位置
對方所有水屬靈感值歸零。

▲ 圖十九

象）：

笑到你心裡發寒，是一句老梗，台灣的讀者應該都懂，這是我在台灣讀書時學來的不正經的話，不過原典是正經的《論語》故事：有一天，孔子與四位弟子閒坐聊天，他為了鼓勵弟子們發表意見，於是提出一個假設，若弟子們受到重用，會期望自己有何表現？

然後子路搶先回應，他認為自己只需要三年的時間，就可以改變一個處於內外憂患中的國家，讓它得以脫離危機。孔子不置可否，只「哂」了一下，給出一個帶點譏諷意味的微笑。雖然我很欣賞孔子的循循善誘，但同時亦覺得有些狡猾，因為他讓弟子發言後，卻又不給予清晰的回應，換作是現代的老師這樣做的話，我會擔心學生是否會因此不明不白，甚至感覺很受傷，但也許是孔子和子路的關係，一個「哂」就足夠讓他明白自己的缺失吧。

不過孔子還是有其他成功的地方，他引起了另一位弟子曾皙的好奇。曾皙在其他同學離開後，私下問孔子笑子路的理由（雖然我覺得在同學背後問這個，好像有點不禮貌和心機……）。孔子才向他解釋說，是因為子路缺乏謙遜，所以才笑他。或許孔子也懂得隱藏黑帽動力的道理？所以這張卡牌的設計也跟「月」有關，並且因應可能會引起別人的負面情緒，所以針對比喻情感的水屬會產生負效果。

除了正經的經典課文，我也有設計一些支線任務，是讓學生閱讀比較偏門的小故事。例如清明節的時候，為了配合氣氛，我會讓學生讀一些古代的誌異作品，除了常見的《聊齋誌異》（列入教科書的通常是《種梨》，不難理解其道德教訓的用意，不過還是缺乏代表性），還有更早期的誌怪故事，

火
40
枯骨
「其腰已上生肉如人，腰下但有枯骨」《列異傳》裡談生發現妻子的半身竟是枯骨
己方棄置一張火屬靈感手牌
然後對方「月」的位置失效

▲ 圖二十

像《列異傳》的《談生》，以下這張卡牌與故事的其中一幕有關：

談生是一位年近四十尚未娶妻的書呆子（希望我將來不會有這樣的一天），常常半夜激動地讀《詩經》（難怪娶不到老婆），故事也不拖泥帶水，馬上就跳到男主角遇上美女，還說要立刻嫁給他的詭異又老套的情節（據說這是古代失意書生的艷遇情結）。但是這位美女有一項要求：「我與人不同，勿以火照我也。」可惜談生還是忍不住，有一天晚上趁妻子熟睡後，拿火光偷偷照看她，才發現她上身是人，而下身竟是枯骨！原來，鬼妻是希望能夠還陽成人，與談生白頭到老，可惜談生違反了約定，只好離他而去。所以這卡牌的效果是放棄一張火屬靈感卡，比喻鬼妻還陽成人失敗，然後使對方的「月」失效，則是呼應故事中的鬼妻，本來希望隱瞞著自己是鬼的真相，所以針對有隱藏喻意的「月」位置。

跟說明「日」的時候同樣，第二張舉的卡牌例子，也是可以針對上一張的反制效果，可見由於遊戲的玩法與豐富的意涵，比過去單純的閱讀、翻譯、討論練習等，能為學生增添更多的記憶點和趣味性。

這則冥婚的小故事，放在現代來看還是相當有意思。情節雖然荒誕離奇，但並非徒具裝神弄鬼的空殼，要說談生所犯的禁忌是人鬼之戀，倒不如說他背離的是愛和信任。這樣看來，把鬼妻看作是人，換作是平常的現實世界，因好奇心而誤觸了別人的底線，也是我們時常會遇到的問題。談生難得一段感情，雖然「稀奇」，卻敗於「未知」的誘惑，終於「損失」至愛，這故事總結起來，還真的是把黑帽動力全都給用上呢！

技——設計

讀者還記得我在前面說過，只需要懂 google 和 office 軟體，幾乎就能完成所有設計嗎？騙你的，因為這只限於美術設計上，更重要的設計是遊戲技巧。

但我不想在書的前半部分就談太多關於設計的問題，理念比設計重要太多了，而且部分設計的主要影響，只是在於學生覺得好不好玩、能不能更投入學習而已。

當然，卡面雖然只是外殼，但太醜的設計就會減低學生收集的興趣，所以也不能太馬虎草率。就算只是簡單的 office，版本也不能太舊，因為有些方便的功能，例如圖片位移、格式調整、素材裁切等，還是新版的才夠用。因為我是完全純手工的作業，卡牌的尺寸、列印出來的色彩、上膠護膜後的清晰和硬度等各種細節，我都是經過無數次的失敗後，才覺得符合自己的要求。雖然說不上困難，但需要衡量自己身邊的資源，與經過長久的實驗，才能維持穩定的質量。

那麼「遊戲技巧」為何物？這部分要再次搬出周郁凱先生的理論來說明，我很欣賞他用「技能」的方式來解釋，如何設計出一款吸引人的遊戲化產品，他的理論本身就貫徹好玩的精神。首先，我們也需要先明白他的理念，他認為遊戲化是一種「人本設計」：

「遊戲化是一種將常見於遊戲之中的樂趣與參與元素，仔細應用於現實世界或生產活動的本領。我將此一過程稱為人本設計，相對於我們在社會中常見的功能取向設計。人本設計優化系統中的人類動機，而非僅僅優化系統中的功能效率。」

明白這種人本設計的目的，才會知道他提出的遊戲技巧，並非單純是為了令遊戲變得好玩和留住玩家，它可以是一種喚醒人類本能的設計，它可以應用在生活中的許多地方，例如學習。

我希望借用他的部分遊戲技巧，來審視我的集換式桌遊教學，這樣會讓我比較方便和系統地展示，集換式桌遊教學的成功之處。

開始之前，請讀者們想像自己猶如進入一款遊戲，創立一個新角色，而這角色在隨後會學習到不同的技能，如同日、月，也有「明」、「暗」的分別。

我們的身份是老師，而教育的對象是學生，首先我們的學生在開始參與課堂時，我們會使用一種「文學圈」來進行分組，這是會明確告知學生的事情，而這部分會涉及遊戲教學的場景運作，留待「場」的部分再談。然後暗地裏的，運用很多遊戲技巧來提升學生的學習興趣，這部分我們就向周郁凱先生的八大核心動力取經。

原著中的所謂遊戲技巧，是指前述的八大動力之下的應用方法，其原設似乎多達數十種，但書中是以亂數編號呈現的。據說這是作者設計的一種尋寶遊戲，所以這裏我就不照搬其編號設定了，但仍套用八大動力的框架，來說明在我的教學中如何實現，供讀者們參考。

1.1 使命——故事

為了讓玩家明白為何自己需要加入一個遊戲情景與過程，需要有一些故事的設定。但在教育課程中，因本身已具備進度的要求，所以這一點時常被教師所忽略。不過這算是我的學科強項，因為文學課的學習內容中，就有許多人物與作品可以運用。其他學科的老師，亦可以舉相關領域的代表人物，或自身的經歷，然後將這些故事轉化為自己對學生的學習期望，從而建立他們的使命感。如果老師有興趣嘗試集換式桌遊教學的話，還可以套用我的開場白：剛開學那段時間，我會先向學生說明自己的教學抱負，就是運用遊戲化令教學變得更為有趣。所以學生來上我的課，就像和我一起進入一個實驗中的遊戲世界，我們這一學年的成果，將會令這個宏願往前一步。

1.2 使命——人類英雄

使命動力的關鍵是利他主義的驅動，人類英雄的設計，時常出現在公益活動中，例如當人們購買了彩券，部分收益將會撥作慈善用途。在教學的情景中，可以強調學習的部分目的是為了幫助別人，例如分組合作中，我設計的學習任務包括個人、團隊，以至全班的任務。當達成目標時，便會全體共同獲得某些限定的卡牌獎勵。另外，學生設計的卡牌，亦會留傳給將來的學弟妹使用，還會成為將來更多創作的一部分，例如研發中的數位版教學遊戲，還有我正在構思的一部相關的小說，說起來這些還是學生主動跟我敲碗要的東西，所以我相信能夠藉此鼓勵學生參與創作，獲得榮譽感。各位老師亦可以因應自己的學科特色與個人專長，延伸出更多這些額外的共同目標。

1.3 使命——菁英主義

由部分具有共同特質與目標的人組成的菁英團體，可以帶動學習的氣氛。在我的卡牌遊戲開始推行時，我會先教部分感興趣和自願報名學習的學生，然後由他們去教其他同學，這些小老師會獲得額外的卡牌獎勵。最令我意想不到的，是有些老師會主動找我的學生，請教他們在玩的遊戲設計和玩法，希望也能夠應用在自己的教學當中。為此，我組織了一個教學桌遊研發的興趣班，安排一些具有創意和熱誠的學生，發揮各自所長，去支援這些有需要的老師，這些學生彷彿能夠成為老師的老師，在學生當中自然能算是菁英分子了。

2.1 成就——進度列

這是一種簡單易懂的設計，也許沒有特別思考遊戲化的老師也曾經使用過，因為它本來就在我們的生活中很常見。例如填網路問卷的時候，如果題目太多，難免會讓人感覺不耐煩，但如果問卷上附加一個進度條，總會讓人欲罷不能，在看著它前進直到完成之前，都不太想放棄。在我的文學圈角色中，也有累積進度直到角色畢業的設定，其中一位角色是前面介紹過的李煜，任務是以圖像呈現課文相關的內容，或嘗試延伸創作。當學生在完成指定任務後，就能獲得該角色的限定技能卡（靈感來源是臨摹名畫與回首過去，所以是複製的效果）。

「春花秋月何時了，往事知多少」李煜不忍回首昔日。
春花
秋月
技能卡。可複製一次己方場上的靈感，但紅字效果無法再發動，該回合仍抽一張牌

▲ 圖二一

2.2 成就——成就符號

跟進度列一樣，是一種很容易設計的東西，關鍵在於獲得的途徑需要避免過於簡單，否則玩家將無法從中獲得成就感。我在教學桌遊比賽中，有一種「段位」的設計，年輕的學生大概很熟悉這種遊戲中常見的系統。當學生達成一定的任務條件，例如「答對一次題目卡」、「使用兩位漢朝或之前的作者」、「首次完成《詩經》組合」等，加上獲勝次數、點數等成果，就能提升段位（以地支生肖命名，由亥豬到子鼠），我會蓋上一枚特製的印章，以彰顯其付出努力的成果。

2.3 成就——狀態點數

點數對於老師來說絕對不陌生，其實跟分數成績是類似的東西，所以老師要如何設計點數獲取的方式，應該不是太困難的事情，只是遊戲點數可以比單純的成績衍生出更多的功能。在我的集換式桌遊中，可以進行兌換、交易等操作，所以要注意其中的數量與平衡問題。另外，成就動力的遊戲技巧，都很重視設計者是否賦予相關意義，並不只是單純的數值累積，所以老師也要好好思考點數獲取的條件，並給予相應的意義回饋，學生才會更積極地完成任務。

3.1 授權——加速器

無論是學習或遊戲，學生心底還是希望自己能夠獲得更多優勢，勝人一籌，差別只是表現得是否踴躍而已。最常聽說讓老師苦惱的問題，就是學生在課堂上都不太積極發言，但我發現使用集換式卡牌作為獎勵後，學生為了加快收集的進度，只要願意主動上台報告者，或向報告者提問和給予回饋的話，就能獲得雙倍的卡牌獎勵。實施這種獎勵機制後，課堂氣氛是有明顯改變的，學生會較過去一般授課時更為活躍。

3.2 授權——解鎖里程碑

前述的「段位」設計，原先目的是為了方便學生了解遊戲規則，因為不同的段位，遊戲的玩法會逐漸複雜，換言之當學生的段位提升後，會解鎖更多玩法。這種階段式深入的設計，是為了應對初期部分不擅長玩卡牌遊戲的學生，為解決他們感到不容易上手的問題而設置。但提升段位的任務條件、數值間距該如何設定，也是一門學問，要視乎學生的課堂時間和技術水平來調整，需要經過多次實驗後，才能得出相對平衡的結果。另一種平衡，是這種漸進的規則能讓認真的學生更有成就感，同時亦能讓落後的學生擁有足夠的時間去探索玩法，由於不同段位的學生不會一起比賽，因此也能匹配適合的對手。

3.3 授權——有意義的選擇

雖然不能排除有些人會有選擇困難症，寧願接受被安排會更輕鬆省事，但我想只要是認真投入一款遊戲的玩家，還是會比較希望自己能擁有更多的選擇權，因為這是發揮和創造的機會。集換式桌遊的其中一個優勢，是玩家能夠運用自己收集到的卡牌，來組成一副專屬於自己的比賽牌組，有些學生時常會高興地告訴我說，自己研究後發現了甚麼樣的玩法與組合。另外，在進行學習任務時，學生也能自選文學圈角色，完成主線任務後，也能自行決定完成那些支線任務，只要在教學中多加入這種豐富的自由選項，就能夠自然地讓學生建立起一種學習自主的態度，逐步邁向翻轉傳統師本教學的目標。

4.1 擁有——全套收集品

經過數年的創作，我的集換式桌遊卡牌數量已達六百多種，一個年級的學生通常只能收集到其中的兩百多種，但這也不是簡單就能達成的任務。曾經有學生在學期結束前跟我說，他還欠幾張卡牌沒有完成圖鑑，希望我能讓他多做一點作業，好把它完成。我這時候才意識到，全套的收集品是有如此吸引力，也許是因為我在不停的創作，卡牌的數量還會持續地增加，所以沒注意到這一點。事實上這道理很好懂，想必不少人都有過收集某些東西的體驗，無論是實體或是虛擬的，但由於我是手作的卡牌，坦白說品質上肯定是比不上商品，所以能有這樣的魅力，也是我意料之外的事。甚至曾經有學生告訴我說，她希望把收集到的卡冊，帶回去給內地的同學看，讓他們知道澳門的學生是如何學習中文的。當然，這種特別的教學方式還不能算是一種代表，不過聽見學生有這樣的想法，已經令我看到希望，並且了解到運用「擁有」動力核心，把知識遊戲化的效果是如此顯著。

4.2 擁有——可交換點數

我在教學遊戲的中後期，會讓學生以完成比賽與任務獲得的點數，來兌換一些曾經錯過的卡牌，這是為了配合集換式的玩法，學生通常需要一段時間來確認，自己已經很難再從其他同學手上交換到某些卡牌，這樣兌換的方式就能提供額外的收集機會，讓學生更容易完成圖鑑。此外，由於卡牌也有比賽的用途，所以該兌換那些卡牌，藉此強化自己的牌組，也是學生可以思考的樂趣之一。從老師的角度來說，點數設計最需要考慮的問題，還是獲取與使用是否達到合理、平衡的情況，如果卡牌的價值設定得過高或過低的話，學生的投入與關注就難免會減低。

4.3 擁有——監看投入感

當人們擁有一件東西，它可以提供給使用者不斷檢示進度，並且調整與改善的話，就會有相當強大的吸引力。以集換式桌遊來說，實現的方法很簡單，就是圖鑑。我在學期開始的時候，會先送給學生一本收集用的卡冊，但起初發現還是有些學生不太投入收集與交換，我調查後得知原因，是他們並不能確認自己的全部卡牌，因此也不知道自己需要甚麼，即使已經擁有方便檢示的卡冊。所以後來我又添加了一份卡表，讓學生可以勾選自己已經擁有的卡牌，並且在卡表上附有一些圖鑑相關的資訊，這樣就可以一目了然，也方便我在學期的最後，查看學生的收集成就。

5.1 社交——團體破關

我的課堂通常會要求學生組成四或五人團隊，讓學生組內討論決定各自擔當的角色，然後以帖文的形式，將學習成果發佈到網路平台上的討論區。接著，我會給每一位學生的帖文評分和回覆，然後要求每一位學生到訪其他組內，各選擇一篇自己欣賞的帖文，同樣去評分和回覆，我亦會隨後選出每篇帖文下的最佳回應。這裏會產生兩個組獎，第一是表現的平均得分最高的組別，第二是最佳留言獲選最多的組別，學生會因應個人表現獲得卡牌獎勵，亦視上述兩項結果獲得整組的獎勵。這種同時重視個人與團隊合作的學習模式，能有效提升整體的學習表現，讓學生培養觀摩別人的習慣，建立互相欣賞的精神與學習態度。教學桌遊方面，同樣有一些全體達成某些任務條件的玩法，目的還是鼓勵學生在為自己而努力的同時，亦能為了團體付出和作出貢獻。

5.2 社交——社交寶藏

如果讀者曾經歷過社交媒體盛行的時代，身邊一堆朋友會發給你邀請或者是互送遊戲資源，就能明白「社交寶藏」是甚麼玩意。我在使用集換式桌遊教學後，最快速有效和顯而易見的成果，就是課堂的氣氛變得活躍了許多。甚至在下課時，我時常看到學生與其他同學交換卡牌，因為我會持續令他們每天都完成某些任務而獲得獎勵，所以他們經常會有新的目標或重複的卡牌，希望和同學交換。維持這種熱度，是集換式桌遊教學的重點，請老師們務必記住。

5.3 社交——飲水機

這名稱有點好笑，其實比喻的就是辦公室常見的飲水間，即員工閒聊的場所。以網路上的例子來說，就是上世紀末流行的討論區，跟上面說的社交媒體比較起來，是更早個十年左右的時代產物了。這種虛擬場所的設定，其實可以說是當下熱話的元宇宙的初型，只是沒有豐富的各種現實生活連接，只有單純的文字或圖片分享而已。然而，這樣的交流空間在教學上還算堪用，現在也有很多學校具備這一類技術支援，想必各位老師多少有些接觸。這些網上教學平台的設計都大同小異，但比較那些交作業、出考題的無聊功能，我更偏愛使用討論區，能有效地配合我的文學圈與獎勵系統。

6.1 稀缺——垂涎三尺

假如有一個未來人，帶你去參觀一幢豪華別墅，然後告訴你說，十年後這裏就是你的家，但條件是你從現在開始必須要非常努力，那你會放棄實現這個未來的可能性嗎？答案應該是不會的，這就是「垂涎三尺」的技巧，把未來的遠大目標先展示給你看，保證了只要你願意付出，就能達到終點。所以當下這一刻還站在起點的你，還是一無所有，這會令你產生強烈的需求感。回到教學桌遊上，我的方法是開學的時候就先把所有卡牌裝入卡冊，以圖鑑的方式給學生傳遞閱覽，並且說明當中有些是稀有或限定的卡牌，只要學生認真學習、完成指定任務，就能收集到這些東西。

6.2 稀缺——動態約定

動態約定是一種時間限定的機制，與人們約定在某段時間做一件事情，當這段時間來臨時，人們會感受到時間的迫切性，自然地加緊腳步和集中精神，在有限的時間內去完成任務。這種約定需要有規律地進行，例如我通常會每周進行一次問答遊戲，能讓學生即時獲得卡牌獎勵、或每雙周舉辦一次教學桌遊比賽、在傳統節日時有限定的任務和卡牌系列等，這樣以活動的形式令學生養成習慣，他們便會在特定的時刻，有較高的期待與投入感。

6.3 稀缺——演進性使用者介面

同樣和前述的段位設計有關，這種漸進的解鎖模式，除了能提升進階學生的成就感，授權他們去使用更多的新功能，思考如何創造新的玩法，同時也令他們為此產生期望。這亦是一個十分有代表性的人本設計例子，但身為設計者會較容易疏忽這類問題，起初我向學生介紹這套教學桌遊時，發現總有些學生感到難以上手，原因是我開學的時候就把整個遊戲的玩法全盤托出，這對於設計者而言是簡單易懂的事，但由零開始接觸的學生，卻可能會產生許多疑惑。為此，我便將段位與卡牌類型結合，只有學生熟悉了某種卡牌的使用方法或內容後，才有機會認識更多的遊戲玩法，例如可以使用更多類型的題目卡，可以自選不同難度等級的題庫來考驗對手的學識。

7.1 未知——神秘盒子

簡單來說就是抽獎的寶箱，以隨機的方式提供獎勵，能引起學生的好奇心，比起無趣的記功或直接的加分，都能更吸引學生去完成學習任務。但隨機雖然是有趣的獎勵方式，仍須注意公平、公開，我的卡牌獎勵有明確的抽取率數據，每一張卡牌都有固定的數量可以查知。其他抽籤活動時，我也慣用網上即時轉盤來展示，看著它轉動會產生緊張感，亦比一般手抽的紙籤更公正。另外，未知的魅力亦是桌遊的優點，其遊玩方式本身就具備不確定性，例如每一次抽牌都是未知之數，還有各種遊戲效果的玩法，都能帶來許多不同的驚喜。

7.2 未知——復活節彩蛋

同樣是獎勵，有一種強度更高的提供方式，有別於一般的寶箱，就是意料之外的獎勵，事前老師並不需要向學生說明如何獲得，但當學生觸發獎勵時，老師需要說明原因，這時候就能造成非常有效的鼓舞。我想這並不是很新奇的設計，如果老師有派發獎勵的習慣，即使是加分、小零食之類，有時候也會因為欣賞學生某些良好的行為或學習表現，即興增加額外的獎勵，也是常有的事。若然老師的教學中，本身就有一套完善的獎勵系統，那麼這種突如其來的獎勵，就會顯得更加得來不易，更具有吸引力，學生會很期待下一次的隱藏獎勵何時、如何來到。更重要的，是這種獎勵方式能訓練學生自覺去思考「如何做對的事」，才有機會觸發獎勵，不讓學生只能接受固定、已知的獎勵，養成沒有獎勵就不做事、凡事被動、不思考檢討自己的壞習慣。另外，這種隱藏獎勵偶爾也可以結合教學文本，例如以下這張成語卡：

這張是特別的隱藏獎勵卡牌，並不會放在隨機獎勵裏讓學生抽到。獲得的途徑只有一個：某天連續上兩節課，講袁枚的詩詞作品，中間下課休息的時候，學生事前並不知道，只要自己第二節課能準時回到教室，就能獲得這張隱藏卡牌。其他類似觸發隱藏獎勵的條件，例如找出同學的錯字、第一組交作業等，老師可以隨意設計，也可視乎當時的班級有哪些需要改善的地方。

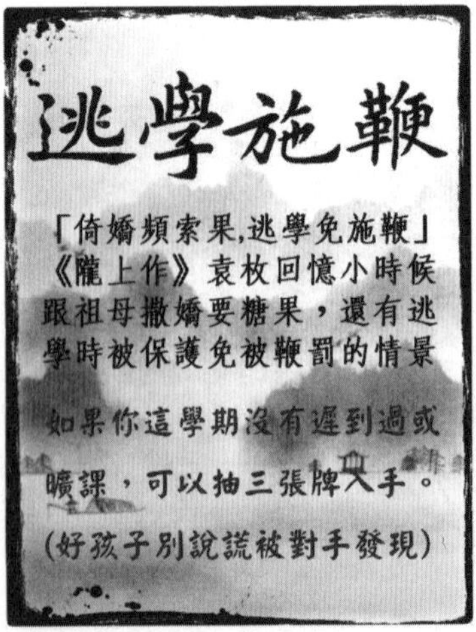
逃學施鞭
「倚嬌頻索果,逃學免施鞭」
《隴上作》袁枚回憶小時候
跟祖母撒嬌要糖果，還有逃
學時被保護免被鞭罰的情景
如果你這學期沒有遲到過或
曠課，可以抽三張牌入手。
(好孩子別說謊被對手發現)

▲ 圖二二

7.3 未知——摸彩

摸彩也是一種隨機獎勵，但與前述的個人抽獎不同，未知的吸引力並不在於獎品的內容，而是從整體參加者的角度來看，這是引發「誰能獲獎」的好奇心。常見的頒獎方式有兩種：「幸運兒」和「最佳的」，我通常會結合這兩種獎項在同一件事情上，例如前面的「團體破關」和「飲水機」提及過的網上討論區，為了鼓勵學生積極發言，並且維持穩定的內容質素，我會在同一帖文內選出最佳的留言學生，然後在課堂上有學生上台發言時，台下的學生除了可以舉手回應外，由於時間有限的關係，也可以使用電子設備在討論區內給予罐頭式的短評語，以回饋給報告的學生，讓他得知自己的報告表現優缺點，而這些提供評價數據的學生，我亦會抽取一位幸運兒獲得卡牌獎勵。

8.1 虧損——合理繼承

生活中最常見的例子，就是折價券。當收到這種東西的時候，如果不在期限內把它使用掉，便會令人產生虧損的錯覺。我的學生在卡牌比賽中獲得的積分，可以兌換到過去他們所沒有收集到的卡牌，為了鼓勵他們使用這些積分，我會設計一些需要運用學科知識的小遊戲，讓他們享有一些折扣。另外，有某些特殊卡牌的獲得條件特別簡單，只需要完成基本的任務，例如交作業、完成所有題目等，就能獲得一張隨機獎勵時抽不到的卡牌。由於是很輕鬆就能得到的東西，人手一張，如果你錯過了，只有自己沒有，就會感到特別可惜。這種技巧是用來針對一些學習責任的問題，可以糾正學生的不良習慣，例如老師時常會覺得難以理解，為甚麼有些學生總是欠交功課、考試前不溫習，明明這些事情都需要計算成績，為何總是有些學生不願意配合。原因很簡單，因為老師讓學生付出行動後獲得的東西，並不是一種收集品，只是虛無的數字，更何況收集品本身就是教學內容的一部分，這就是集換式桌遊的厲害之處。

8.2 虧損——倒數計時

運用倒數計時的最佳方式，是強調良機的發生，並且隨著時間流逝即將消失，這樣和限時錯失的懲罰相比，例如欠交作業、遲到等，會更具有吸引力。我的課堂為了鼓勵學生發言，前述「加速器」時提及過，有自願者雙倍的獎勵方式。運用這種技巧時，我會在顯示屏上使用倒數計時來配合，通常會倒數兩分鐘，這是為了讓上台的學生有時間準備，能有較好的表現。同時，亦為了學生發言後的提問階段，讓其他同學有時間閱讀他的帖文內容和思考問題，這正是老師容易忽略的部分。即使是比較嚴厲的老師，能管好台下聽眾學生的秩序，但如果沒有回饋的任務，其他學生絕大多數都會置身事外。所以台下的人其實也需要準備的時間，只要倒數計時與他們有關，就能產生緊張感，若然學生自願或被抽中時表現不佳，就會錯失獎勵的機會。

8.3 虧損——沉沒成本監獄

最後的這個技巧名字，聽起來有點可怕？其實涉及到黑帽的動力，大部分都是容易讓人產生沉迷、難以抗拒的心理，但只要是用在善意、正面的事情上，加上搭配白帽技巧，就能達到平衡兼有意義。集換式桌遊因為是一種收集品，所以會一直累積成就，其實學習也是一樣的事情，同樣在不斷地累積，只是把沒有實體的知識變成卡牌而已。只要運用得好，學生會為了不想辜負一直以來的努力，所以會繼續投入，不會輕易放棄。這是單純的成績評分所難以達到的效果，因為每一次的評核都是滿分制，即使偶爾成功拿到一次滿分，但之後又會被失手時的低成績拖累，總結段落成績時就比較容易帶來失落感，而集換式桌遊則會不斷累積，為了獲得更多，學生會繼續努力，除非說不夠努力時，卡牌會被沒收，但這樣遊戲就會變得非常不好玩了，沒有人會這樣設計。由此可見，傳統的成績分數，確實是一種很難鼓勵學生努力學習的爛設計。

以上列舉的二十四種遊戲化技巧，只是我在自己的桌遊教學中呼應到周郁凱的理論部分，其他老師都能因應自己的教學內容和方法，去閱讀他的原著來找出更多適合的技巧。此外，我認為更重要的其實是經驗，簡單來說，就是慢慢思考如何改變原本那些自己沒有信心、學生也不投入的課堂就可以了，先有了自己的方法，再運用這套八大動力框架來審視自己的教學方式，並且注意當中引發的心理行為與平衡，就肯定能夠獲益匪淺，把課堂變得更有趣。

場——運作

學會再多的遊戲化技巧，如果沒有用武之地，也是徒勞。因此，「場」是一個很重要的概念。

遊戲為甚麼有令人想參與的魅力，關鍵是有一個提供競爭、交流機會的舞台，才會激發起人們的行動力。讀者在前面單純地看見那些卡牌，也許不會覺得有特別吸引的地方，但回想過去的中小學時光，有一班同學在身邊一起讀書，如果那些年的過程中有集換式卡牌的話，學習肯定會變得有趣許多。

這可能是出社會後的老師和家長的盲點，因為我們早已失去了童心，在遊戲場與剛認識的小孩也可以瘋玩一整天，捨不得回家的記憶，已然模糊不清。

班級與同學就是一個絕佳的「場」，而且還保證會在一起一整學年。相較之下，現在許多電子遊戲，都無法維持熱度超過半年，但有些遊戲還是能夠順利留住玩家，就是因為有把「場」經營好，這是能夠持續下去的主要原因。

老師也許嘗試過參考各種教學法、購買現成的遊戲教具、運用網路上的教學軟件，但無法持久地吸引學生，學生對課堂始終沒有歸屬感，在於這些方法都無法形成一個可持續的「場」。而我的「場」，就是文學圈與集換式卡牌結合的獎勵系統。

「文學圈」是一種很適合用來推廣閱讀的教學法，但相關的著作並不多，我只是讀過一些論文後，發現其中的角色任務很有啟發性。於是我化繁為簡，只取用其中五種類型，然後加以改良，挑選課程中出現過的五位作者為代表，賦予他們不同的任務，把他們變成了「場」內的角色。

（A）李煜——延伸創意

第一位是之前已經出現過的李煜，其文學圈原型為 Artist，會以他為代表的原因，自然是由於他是一位極具藝術才華的人物。課文中會讀到他的《虞美人》、《破陣子》等詞作，其中的情景抒寫，令讀者更深刻體會到他的感受。擔任這一角色的學生，通常都是組內畫圖天分較好的一位，其任務是呈現閱讀文本中具代表意義的情景，學生可以

李煜，又稱李後主，南唐亡
國君主，多情而富才華，善
寫詞及書畫，被稱千古詞帝
出場後可棄置對方的場地卡
水+50 金-20 LV2

▲ 圖二三

在口頭報告時解釋自己的藝術選擇和構思，更進階的表達方式，是在文本情景的基礎上，嘗試添加個人想像的二次創作元素。

（B）孟子——價值反思

這一位是前面提及過的童年孟子長大後的版本，文學圈原型是 Bookseller，不過印象中這角色是我最初接觸文學圈時，認識的一位導師他所自創的。順帶一提，文學圈的角色有許多種，我並非完全套用，只是受到啟發後自行改編，因應自己的教學方式來重新定義角色的功能，而且文學圈的討論中，也鼓勵老師自行研發更多的學習任務角色。

孟子，名軻，主張人性本善
以民為先的儒家，被稱亞聖
每打出一張「孟子系列」靈
感卡，立即獲得一點總積分
火+40 土+10 LV2

▲ 圖二四

這個角色的任務顧名思義，就是要反思閱讀文本的學習價值所在，然後將這些重點推薦給同學。這角色的特別之處，就像課文《寡人之於國也》、《齊桓晉文之事》中的孟子一樣（形象設計是原自其中「以羊易牛」的典故），擅於運用語言技巧來將自己的建議推銷給別人。

（C）蘇軾——現實連結

這蘇軾的形象看起來很像大家熟悉的孔明，但其實是同樣持有羽扇綸巾的周瑜，是取材自追思周瑜而寫下《念奴嬌．赤壁懷古》的蘇軾，也是課文作者之一。文學圈原型是Connector，任務是連結古今，即分析文本和現實的相關意義，學生可以個人的生

蘇軾，北宋文學家，遊歷赤
壁時寫下連結古今的念奴嬌
可將雙方場上一張木屬轉成
金屬，但屬性不符須蓋牌。
木+30 金+20 LV2

▲ 圖二五

活經驗，或所見所聞的身邊事情來舉例，以表達自己的想法和心情。就像蘇軾在詞作中歌詠過去的歷史人物，感嘆當下的自己年華老去，抱負未成的憂傷。

（D）莊子——議題討論

這一張是《庖丁解牛》版的莊子，跟前面提及過的《知魚之樂》同樣是短篇的寓言故事，莊子的寓言富有趣味性與討論空間，讀後總是令人深思其中想表達的寓意。其文學圈原型是 Discussion Director，是常見的討論任務角色，負責擔任的學生在理解文本後，需要提出一個能吸引人且有價值的議題，先寫下自己的想法，然後讓其他同學表

莊子，戰國道家，與孟子同時，當過漆園小吏，藉庖丁解牛喻指人應避開複雜世事
完成土屬靈感組合積分乘三
土+30 火+20 LV2

▲ 圖二六

達他們的意見。這角色的難度較高，但如果發揮得理想的話，會讓同學們發掘到一些意想不到的延伸意義，時有驚喜，因此老師的指導與回饋也是非常重要的。

（E）司馬遷——文本運用

這張卡牌是年輕時遊歷天下的司馬遷，他在這段期間所蒐集的資料，成為了後來撰寫《史記》的依據。這角色的文學圈原型是 Editor，本來的任務是整理閱讀文本相關的知識重點，是為同學們整理課堂內容的角色。但後來我發現學生的學習成果比較無趣，所以把他調整為更貼近司馬遷的經歷，更改為運用課文內容，像用典

司馬遷，字子長，漢武帝時
史官。年青時漫遊天下，了
解各地風土民情、歷史地理
打出《史記》可多找一張牌
金+40 土+20 LV2

▲ 圖二七

的方式寫成一篇短文，重點是要透過文章帶出一些道理或感受。

以上五種文學圈角色，第一個字母合起來就剛好就是ABCDE，很容易令人記住。這種分工明確的角色，比較從前單純的分組更有特色，學生會更清楚自己的任務重點，在發佈帖文與留言討論的過程中，有更多自主學習和交流心得的機會。

更重要的，是以現今學校的技術支援，大多已具備一些網路學習平台，能讓師生們進行即時互動。這種「場」甚至能打破課室的限制，讓學習同一課程但不同班級的學生互相交流，較之過去那種只能寫在工作紙上，與老師一對一封閉式的評核更有效率和意義。我通常會使用「討論區」的功能，讓學生按照自己的角色任務以帖文的形式發佈，然後師生均會留言回應，以下就五種角色順序來舉例（教學主題為先秦儒道思想，閱讀的文本為孟子的《寡人之於國也》和莊子的《知魚之樂》）：

Artist 例子：

同學甲回覆：孟子與莊子生活在同一時期，既然梁惠王曾經詢問過孟子，那麼之後再詢問莊子也是有可能的。這幅作品發揮了想像力，把梁惠王詢問莊子的情景畫了出來，莊子和孟子的思想衝突是最大看點，把他們放在同一場景就會產生有趣的化學反應。

同學乙回覆：這幅作品十分有創意，將莊子的知魚之樂搬了過

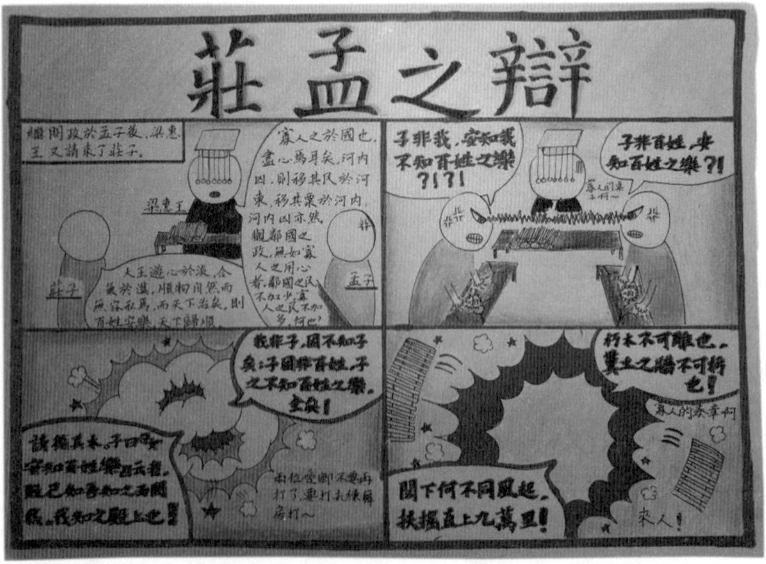
莊孟之辯
繼問政於孟子後，梁惠王又請來了莊子。
梁惠王
寡人之於國也，盡心焉耳矣。河內凶，則移其民於河東，移其粟於河內。河內凶亦然。察鄰國之政，無如寡人之用心者。鄰國之民不加少，寡人之民不加多，何也？
孟子
莊子
大王遊心於淡，合氣於漠，順物自然而無容私焉，而天下治矣。則百姓安樂，天下歸順。
子非我，安知我不知百姓之樂?!?!
子非百姓，安知百姓之樂?!
我非子，固不知子矣；子固非百姓，子之不知百姓之樂，全矣！
朽木不可雕也，糞土之牆不可杇也！
寡人的奏章啊
閣下何不同風起，扶搖直上九萬里！
來人！

▲ 圖二八

來，虛構了一場孟子與莊子的比較。另外，因為考慮到文字較多，所以用簡約的畫風呈現，而配上鮮豔的用色，令每一格的畫作看起來並不單調。

老師回覆：以四格漫畫的方式，編造了一場幽默的孟莊之辯，還運用到課本外的文獻來補充。不過，有一處挺有趣的 BUG：「子非百姓」，莊子也算是一位百姓啊。同學的留言中，有認真地考究了這個情景的可能性，亦有提出了一些建議，還仔細地解讀作品的特色，都是很好的回饋。

Bookseller 例子：

在《知魚之樂》一文中，通過莊子與惠子爭論魚究竟快不快樂的對話，可以看出莊子首先代入自己的感受，當下他在橋上感到自由舒適的感覺，覺得身處橋下的魚也應愉快地暢游，從而可以知道莊子主觀和感性的思想，而惠子則是直接質疑和理性客觀地分析、迫切地探討，兩者形成強烈的對比。到文末莊子選擇避重就輕轉移話題，也許是因為他知道繼續爭論下去，最終並不會得出結論。兩個思考角度不同的人，對問題有不同的看法，這令我聯想到其實每個人都會因為生活環境不同，而擁有不同的價值觀，生活中如果遇到問題而引致爭執，當下兩個性格完全相反的人，思考方式截然不同，對同一事物的看法自然不同，爭執過後如果其中一方不肯讓步，便可能導致最終無法解決問題。孟子也擅長與人辯論，但梁惠王就是與他不同的人，雖然他已經很努力地透過比喻，去發表一些他對事物的看法和意見，以及說明一些道理。在《寡人之於國也》一文中，孟子用戰喻去否定梁惠王覺得自己愛民的想法，其中婉轉地說明梁惠王並沒有察覺自己錯誤的施政，同時循序漸進地說明事情的嚴重性。這令我聯想到朋友之間的相處之道，當發現對方在某些事情上做得不夠好時，不應該用強硬的態度直接指出，而可以透過舉一些例子，從不同角度解釋，作出提醒和建議。通過閱讀兩篇課文，我發現這與我們日常與人溝通息息相關，通過發表自己的想法和聆聽別人的意見，去學習更多未知的事情，同時有一個互相學習和一起進步的知己，是對自己的成長有很大的幫助，可以增進自己的見識和了解別人的價值觀。另外我們也學習到不同的溝通方式會有不同的效果，對於處理問題，莊子和惠子各執著不同的觀點，互相不能了解對方，最終不了了之；而梁惠王則是做旁聽者，選擇傾聽孟子的意見，只是文中並沒有寫出他最終有沒有接納。

同學甲回覆：我很欣賞你的想法，讓我明白換位思考的重要，不要因為過分執著自己的想法而不顧慮別人的感受。另外，亦可以看出孟子和莊子的辯論技巧，感受到他們的語言藝術，這一點也值得我們學習。

同學乙回覆：我大致認同你的分析，至於梁惠王最後有接納孟子的意見嗎？我覺得是沒有的。為甚麼這樣說呢？首先我們需要搞清楚梁惠王問百姓數量為何沒有變多的目的，答案其實在孟子的第一句話「王好戰」已經被揭曉了。戰爭需要消耗大量的人力物力，而此時梁惠王問「鄰國之民不加少，寡人之民不加多，何也？」也許正暗示著梁惠王想要發動戰爭，因此他希望百姓數量增多。遺憾的是，孟子並沒有給出能夠解決梁惠王急切需求的答案。梁惠王想要的是短時間內能夠增加百姓數量的具體方針，孟子卻給出了需要長時間經營的方法，對於梁惠王來說，未免太過於不合時宜。但也不能說孟子是錯的，只是在亂世之中，他的思想並不是那麼適用。

老師回覆：很仔細地分析兩篇風格截然不同的故事，找出其共通點，更落實到現實生活中與人交往的道理，所得出的學習價值，對同學們也很有積極意義。另外，同學的回應能推敲出文本以外的可能性，言之成理，也相當有意思。

Connector 例子：

我看完《知魚之樂》這篇課文的第一感覺，是覺得莊子和惠子在互相「捉字蝨」，在吵一些很無聊的東西，但只要認真思考一下，其實就可以發現到其中的問題有更深一層的意思，或是有一些哲學性的問題。其實我們在現實生活中，一些生活瑣事也可以更深入去了解和思考，只是我們習慣了不會認真看待。例如我聽過一位老師說過，曾與人爭論一個關於行車的問題。開車的時候，是否應該要等待行人完全過了斑馬線以後，才繼續行駛呢？若果行人才剛過了車身，司機就馬上行駛的話，萬一行人腳滑後仰跌倒，行車就很容易撞傷他。雖然這種事情發生的機會不大，司機亦已經確定前方沒有行人才繼續前進，這樣本身是沒有錯的，但還是更小心謹慎一些會更好。而且我認為透過這件事情令我們明白到，站在別人的角度去思考是很重要的，所以我們不妨在生活中多觀察，去發掘各種值得注意和辯論的題材，也許就能防止意外的發生。

同學甲回覆：同意你的說法，我們在日常生活中，有很多事情都是值得思考的，這些事情比測驗考試卷上的答案更有意思，更值得我們去提出個人的見解，而且也不侷限於對錯之分。

同學乙回覆：辯論其實是運用個人不同的角度，來進行一場你辯我爭的語言討論，這一點非常有趣，因為每人的想法不同，某些事情有不同的選擇，甚至衍生出更多的選擇。但不是所有事情都需要一場爭論，生活需要你去選擇，但真有這麼多的選擇來給你嗎？有時候你根本無法選擇，而是被迫去做你不想做的事情。

老師回覆：我也認同對生活瑣事多加思考，這是具有啟發性的建言，繼而學會站在別人的角度去理解不同的觀點，這就好比我們現在做的討論，達到觀摩學習的效果。同學們的回應，能提出異議或延伸出更多的個人見解，亦屬難得。

Discussion Director 例子：

《知魚之樂》中，莊子主觀認為魚兒在水裏快樂地游泳，但若客觀來說，魚兒是否快樂是沒有人能夠知道的。不過，真正的客觀會存在嗎？我認為不存在，因為世間萬物已經摻雜了很多人類主觀的定義。人類的意識，應該是源於我們的大腦，但只能說是主觀而不夠客觀和準確的。舉個例子，如果螞蟻演化成有文字和學術，螞蟻也不可能上太空，這是他們受限於生活經驗，那麼螞蟻的科學，就不存在宇宙的概念，但客觀上來說，宇宙是存在的。換言之，以同樣的道理來反思人類，我們的科學也受限於感官與物理限制。從無限的尺度來看，人類與螞蟻也是一樣的，都受到本身個體的侷限，以有限的運算和思考能力，主觀地對世間萬物作出判斷，所以當中並不存在真正的客觀。

同學甲回覆：我認同你說的人類受到侷限的問題，因為經濟學中也有類似的討論。世間的資源並不是無限的，所以我們需要通過選擇去作出取捨，而且那是基於我們認為作出選擇是一個好的方法，但這當中無可避免摻雜了部分人的主觀想法，因此最終的選擇也並非必然帶來預期中的結果。

同學乙回覆：你的分析十分有趣，從你的角度再重新讀這個故事，會有更多的感受。我覺得莊子可能本身是不快樂的，甚至是感到有些煩惱，所以看著魚悠遊自在的樣子，反而安撫了自己的情緒，因此才產生出這種容易令人誤會的想法，但是惠子的質疑是沒有意義的，同樣道理，盲目地追求真正的客觀也是一樣。

老師回覆：這是一個有趣的議題，同學們的回應也別出心裁，沒有太拘泥於定義上的問題，反而聯想起其他學科的知識，延伸出其他解讀文本的可能。說起螞蟻，讓我想起一個比喻。我們在學校使用的木桌，對我們來說只是日常生活的用具，但若對一隻白蟻來說，可能就變成一塊可以蛀食的東西。本來是同一件事物，對不同的個體來說，意義可能大不相同，所以不妨這樣說：只有主觀的世界，而沒有絕對客觀的存在。

Editor 例子：

對於數學不太好人來說，被問到自己不會的數學題時，如果被嘲笑的話，該怎麼去反駁呢？那就問對方更難的數學題，當他也答不上來的時候，就可以說他「以五十步笑百步」，說明彼此本質上並沒有什麼不同，兩道題目只是程度不同而已。不過情非得已，還是不要與人比較為好，雖然有些人會覺得，沒有比較哪來的進步？但是在人與人之間的比較中，一方可能會變得十分驕傲，而另一方可能會變得越來越自卑。優勝的人可能在比較中找到想要的優越感，但落敗的人是怎麼想的呢？他們的感受通常會被忽略。不過這也是無可奈何的事，因為「子非魚，安知魚之樂？」我們也不可能真正明白別人的心中所想，所以也無從安慰。總結來說，我認為比較是有需要的，但不一定是人與人之間的比較，也可以是自己與自己的比較，不斷向自己發起挑戰，就能夠不斷進步。

同學甲回覆：比別人厲害一點就充滿優越感，到處嘲笑別人的人，這些人大多會遭人討厭。我認為我們都應以平常心看待一切事物，不亢不卑。否則，「以五十步笑百步」的行為只會遭人嫌棄，也會令人看不起你。我很認同你所說的不應該處處與人比較，但同時我也認同有比較才會有進步。兩者間其實沒有衝突，我認為適當的競爭和比較也是必要的。當然，自己和自己比較，對比過去和現在的自己，從中吸取教訓，看看自己有甚麼不足的地方，努力去改善，這樣也會使自己變得越來越好。

同學乙回覆：我覺得比較是一把雙刃劍，可以產生正能量，激發奮鬥的潛力，帶來向前的動力。但也可能產生副作用，讓自己心理失衡，怨天尤人。所以我更認同你說的和自己比較，找到自身的不足，才能改變自己的命運，成就更好的自己，這才是最重要的事。

老師回覆：這段短文批評了人們盲目攀比的心理，最後還提出了更有意義的是自我比較，跳出指定閱讀的課文框架以外，延伸出對自己和同學們都有價值的心得。就角色任務來說，不只完成了E角色，可說是兼具B和C角色的任務要求。

以上的文學圈例子，容許學生自由延伸和討論的「場」，較之過去刻板的課後問答題，顯然更能夠吸引學生去主動思考和表達己見。而且，所謂的角色任務，只是為了提醒學生在整理想法時，需要從獨特的角度來思考，才不致於落入人云亦云，這一點在容易出現千篇一律的公開試寫作中尤其重要。因此，在符合角色任務的基礎上，能夠兼通其他角色則更為理想。

也許老師們會考慮到一個問題，讓學生自行決定自己的角色，那是否會造成學生不願意跳出舒適圈，只一味選擇自己擅長的事情來做呢（例如擅長畫圖的學生便一直只希望擔當 Artist）？這時候便需要集換式卡牌的獎勵系統來配合。

每當學生完成一次角色的任務時，都會累積相應的點數成就，當達到滿點時就會「畢業」，獲得該角色的「技能卡」（即前面「技」章「進度列」舉例的「春花秋月」），這類卡牌只能透過文學圈的任務獲得。所以，學生為了收集其他技能卡，也會嘗試擔當其他角色。而且，我會以學生的座位來圈組，這樣可避免學生只找固定的組員，當遇到組員之間的長處有相同時，便需要討論如何妥協與分配。學生在未來的職場上，通常也需要面對類似的問題，因此這種責任分配和與人溝通的過程，也可視為一種演練。

「場」的運作就是以文學圈的方式來探討文本，輔以集換式桌遊的獎勵系統來維持動力，而且要把課堂討論搬到網路上進行，才符合現代學習的需求。若然老師還停留在用電子簡報，單向地解釋課文或操練試題，肯定是難以讓學生高效地互相學習，藉此來提升自己的思考與表達能力。

我們這一輩自年少時已開始接觸網路，早已明白知識並不只是掌握在老師的手中，因此更迫切地感受到，老師的教學是時候需要革新。以我的學科來說，過去那種偏重於訓詁的教學和測考，應該要重新被審視，考慮釋放出部分教學時數與空間，讓學生有更多機會藉著文本閱讀去交流與討論。

當然，如果只有文學圈，「場」就會顯得過於嚴肅，若然只有集換式桌遊，「場」又會變得過於歡樂。因此兩者互相平衡，相輔相成的重要，也像前述白帽和黑帽的概念一般。其他學科的老師，只需要將文學圈替換成相應學術的核心內容便可，唯獨需要貫徹討論與互動教學的精神，「場」便能夠產生同樣良好的學習效果。

最後，來介紹尚未舉例過的一種卡牌類型：場地卡。設計的靈感來源是教學文本中出現過的場景，或相關的歷史朝代。以剛提及過的先秦思想主題為例，顧名自有「先秦」，另有來自《知魚之樂》的「濠梁」。

這裡先秦時期只取其狹義的春秋戰國，作品的創作時間只要有橫跨這段歷史的範圍，都會有相應加乘。這樣設計的目的，自然是希望幫助學生記憶那些作品的時間點。至於五行屬性的效果，則取自陰陽家鄒衍的「五德終始說」，周為火德，雖東周沒有撐過戰國時期就已經結束，但還是存在於春秋戰國絕大部分的時間裡，因此效果亦與火屬相關。

「濠梁」的設計則與《知魚之樂》的意旨相關，呼應莊惠二人爭辯物我情感是否相通，故效果條件設定為靈感是否同

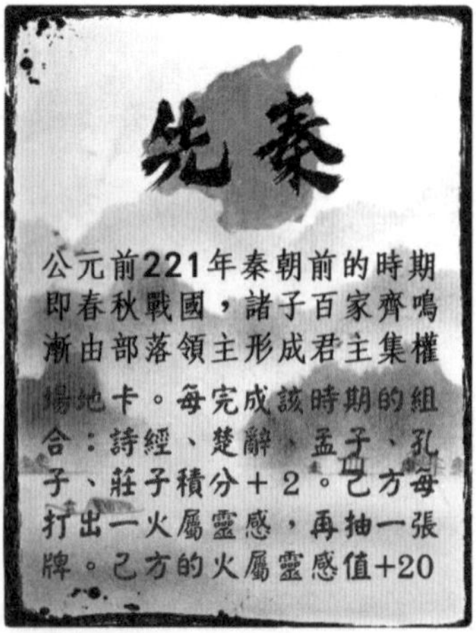
先秦
公元前221年秦朝前的時期
即春秋戰國，諸子百家齊鳴
漸由部落領主形成君主集權
場地卡。每完成該時期的組
合：詩經、楚辭、孟子、孔
子、莊子積分＋2。己方每
打出一火屬靈感，再抽一張
牌。己方的火屬靈感值+20
▲ 圖二九

場地卡。雙方場上如有靈感
同屬，己方可獲得一點積分
然後從棄牌抽一張牌入手。
濠是河名，梁即橋。莊子和
惠子爭論知魚之樂的地方。
濠梁
▲ 圖三十

屬。而從棄牌抽牌的靈感來源，則是由於莊子最終以「請循其本」的手段回頭討論，因此是從已經使用過的棄牌中抽回入手。

現在，所有卡牌類型已齊集：角色、靈感、成語、技能、場地（還有題目卡，不過那是不需要收集的卡牌，只是一種由老師提供的遊戲道具）。學生運用這五種類型的卡牌，組成一副牌組，就可以開始遊戲。認識集換式桌遊教學的旅途，總算接近尾聲，來到讀者應該會最好奇的佈局與玩法了。

遊樂場

以前小時候，我最期待的事情，就是讓父母帶我去那種投幣式遊樂場。

澳門人最有記憶的，應該是舊八佰伴的熊貓樂園，還有開心天地，不過它們都在十年前就結束營業了。

即使到了現在，我有時候還是會夢到回去那種地方。

不過，我想那時候我會這麼熱衷於那些遊戲機台，主要原因是喜歡收集那些兌換票，可以去櫃台換自己心儀的獎品，而並不是那些遊戲的玩法本身有多吸引。

因此我才說，遊戲的玩法是最不重要的。不過，還是在這裡分享一下，也許對讀者們來說，還是有一點參考的價值。

遊戲的進行方式是二人對決，每位學生需要事前組成一副60張的牌組，其中5張為角色卡。牌組的形成規則如下：

(1) 5張角色卡＋55張其他類型的卡牌組成（靈感、成語、場地、技能）。
(2) 相同編號的卡牌只能放1張，5張角色卡牌的等級總和不得超過12。
(3) 相同屬性、同牌面靈感值、同系列的卡牌最多只能放12張。

遊戲的佈局圖如下：

技
天
場
地
角
人
星
日
月

▲ 圖三一

角：放置上場的「角色卡」，待出場的另外四張置於其下，順序不可更改。

天、地、人：根據角色的屬性，打出三張「靈感卡」的位置。

日、月：放置「成語卡」的地方，月的位置可蓋著打出，結算時才翻開。

技：放置從文學圈任務中獲得的「技能卡」的位置。

場：放置「場地卡」的位置，結算時繼續置於場上，直至被換掉或棄置。

星：放置牌組以外的五位角色，使用及組成規則與「角」相同，但僅共享紅字效果給上場角色。

以上除了角、天、地、人、日為每次對局必須出牌，其餘位置均非必須出牌。因此，基本佈局就是中間的「十字陣」。遊戲的目標是完成「組合」，每次派出一位角色上場，至少要在其天、地、人三個位置分別先後打出一張「靈感卡」，其下方的「日」打出一張「成語卡」。

這「十字陣」的卡牌如達成組合的基本條件，即結算時沒有任何蓋牌，獲勝時就會按組合的類型獲得翻倍積分。主要視天、地、人三張靈感卡的情況，組合的類型如下：

⑴三張靈感為同一屬性，積分乘2
⑵三張靈感之牌面靈感值相同，積分乘3
⑶三張靈感為同一系列，積分乘3（每有一張成語卡為同一系列，額外加2）
⑷三張靈感為同一屬性，且牌面靈感值相同，積分乘4

遊戲的「積分」來源，是每次兩位作者對決後，勝方會獲得雙方場上除了角色卡以外的卡牌數量，通常是雙方的天地人日，所以共8分。然後按是否完成組合，結算時加乘。遊戲最終以其中一方先獲得60點積分為最終勝利者。

玩法的流程如下：開始時，每人起手抽6張卡牌，決定先後出牌順序。角色等級較高者為先，同等級時擲骰子，點數大者為先，同點數時重擲一次。

(1)雙方輪流出牌，每到自己的回合時，抽1張牌，然後不分先後打出3張靈感卡（天地人）及1張成語卡（日），所以每位角色至少「抽一打一」共4次。至於月、技、場的卡牌，在自己的回合均可以額外打出。

(2)如無法符合屬性或類型條件出牌時，必須捨棄一張手牌，自願蓋牌在天地人日的位置上，不能再翻開，亦不需告知對方蓋著甚麼牌。

(3)每次出牌時，如需要使用紅字效果，需要回答「題目卡」。

(4)雙方均完成佈置後，開始結算。視乎雙方是否完成組合，有三種情況：

3.1 如雙方均是組合，則由積分倍數較高者獲勝，如相同倍數時，則是靈感值總和較高者獲勝。

3.2 如一方是組合，另一方不是，則組合方為勝。

3.3 如雙方均不是組合，則只計算各自場上的靈感值總和，較高者獲勝。

為了避免讀者感覺遊戲太複雜，基本的牌組規則與玩法流程，我只說明到這裡。事實上，我也不會讓學生在開始接觸遊戲的時候，就使用所有的遊戲功能（例如一開始只能夠使用角色的紅字效果，其他類型的卡牌隨著段位提升才逐步開放），這一點我在「技」章的「授權——解鎖里程碑」中已有提及。而且我已經說過，遊戲的玩法是最不重要的部分，剩下最後的「結算」規則，亦為免寫得像說明書般囉嗦又無聊，我只用最簡單的方式展示，模擬一次比賽中的角色對決如何結算。假設雙方只打出基本的「十字陣」佈局，然後再補充兩種使用紅字效果及題目卡的情況，來表現如何逆轉賽果。

學生甲的佈局如下：

假設沒有使用任何效果，由於打出三張靈感卡均是出自《莊子》的作品，且成語卡同為出自《莊子》的成語，故完成了「同系列組合」，積分乘3再加2。靈感值總和為：天「夢蝶」40加30（牌面靈感值＋作者屬性加乘）＋地「山木」60（牌面靈感值）＋人「渾沌」70加20（牌面靈感值＋作者屬性加乘）＝靈感值總和為220。

學生乙的佈局如下：

假設沒有使用任何效果，由於打出三張靈感卡均是出自《莊子》的作品，且成語

40
夢蝶
《莊子・齊物論》寫莊子在夢中化身為蝴蝶，醒後難分蝶我，喻意萬物齊一的哲學
雙方場上所有靈感變為木屬
之前及後打出的牌均受影響
60
山木
「山木，自寇也」《莊子・人間世》山木因材質有用而被砍，喻無用之用才得倖免
保護己方的火屬、木屬免除蓋牌或扣減靈感值的負效果
莊子，戰國道家，與孟子同時，當過漆園小吏，藉庖丁解牛喻指人應避開複雜世事
完成土屬靈感組合積分乘三
土+30 火+20 LV2
70
渾沌
《莊子・應帝王》寫渾沌被鑿七竅而死，喻意不追求外在的智慧，要了解自身規律
查看牌組上方七張牌，將所有莊子系列入手（需展示）。
無用之用
「人皆知有用之用，而莫知無用之用也」莊子以世間有用之物均被傷害為喻，說明「無用」才是擁有更大用處
查看牌組上方頭兩張牌，可選擇入手，或洗回牌組。如選擇後者，己方免除蓋牌、扣減靈感值、棄置的負效果

▲ 圖三二

30
東施
西施心痛難受的神態被醜女
東施模仿，喻不應盲目仿傚
對方不能打出雙方場上已有
的同系列卡牌，但此牌打出
前已在場上的卡牌不受影響
20
神龜
《莊子．秋水》寫莊子以神
龜寧願活著在泥中打滾為喻
拒絕楚王的使者邀請他出仕
只可置於「地」，然後對方
該角色結算前不能再抽牌。
莊子，喜說寓言的道家，與
惠子於濠梁上辯知魚之樂。
「地」的牌面靈感值可任意
調整：加或減五十點及以內
土+50
LV3
50
鯤鵬
莊子在《逍遙遊》中以巨大
的鯤鵬為喻，形體局限生命
應渴望忘卻物我的逍遙境界
只可置於「人」，對方牌面
靈感高於五十的靈感被蓋牌
知也無涯
「吾生也有涯,而知也無涯」
莊子認為生命有限，知識無
限，盲目累積知識是錯誤的
應辨明真知，學習要有目標
可多翻看兩次題目卡，每次
回答正確，可再抽一張卡牌
入手，然後己方總積分+2。

▲ 圖三三

卡同為出自《莊子》的成語，故完成了「同系列組合」，積分乘3再加2。靈感值總和為：天「東施」30（牌面靈感值）＋地「神龜」20（牌面靈感值）＋人「鯤鵬」50（牌面靈感值）＝靈感值總和為100。

由於學生甲和學生乙完成了同樣的組合，故比較靈感值總和，學生甲高於學生乙，故學生甲獲勝。

受「題目卡」影響的情況一：

假設學生乙想使用「鯤鵬」的紅字效果，使用前需先回答「題目卡」（由教師隨機提供）——

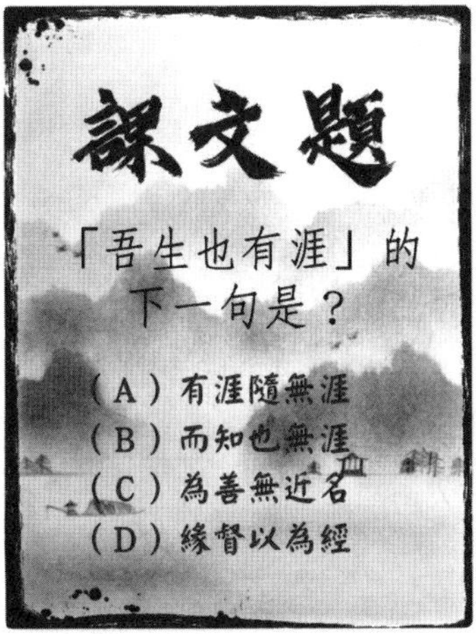

課文題
「吾生也有涯」的下一句是？
（A）有涯隨無涯
（B）而知也無涯
（C）為善無近名
（D）緣督以為經

▲ 圖三四

學生乙答對（答案為B），使用「鯤鵬」的紅字效果：「只可置於「人」」，對方牌面靈感高於五十的靈感被蓋牌」，即學生甲的「山木」、「渾沌」均受到影響被蓋牌，組合無效，故逆轉賽果為學生乙獲勝。

受「題目卡」影響的情況二：

承接上述情況一，學生甲有反制的手段，提出使用「山木」的紅字效果，使用前需先回答「題目卡」——

學生甲答對（答案為D），使用「山木」的效果：「保護己方的火屬、木屬免除蓋牌或扣減靈感值的負效果」，故學生甲的

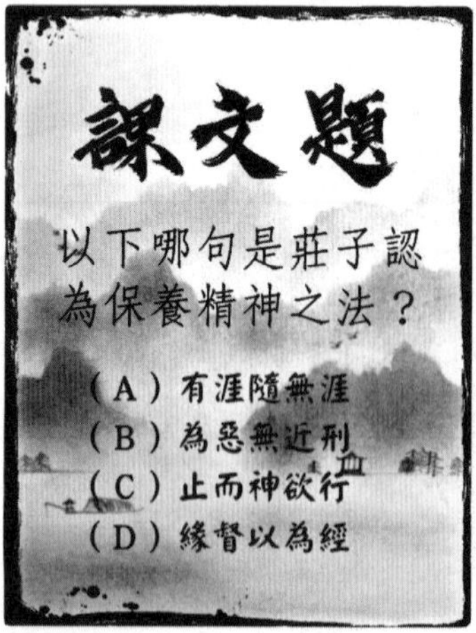
課文題
以下哪句是莊子認
為保養精神之法？
（A）有涯隨無涯
（B）為惡無近刑
（C）止而神欲行
（D）緣督以為經

▲ 圖三五

「山木」、「渾沌」受到保護，抵消了「鯤鵬」造成的負效果，原組合不受影響，故仍為學生甲獲勝。

這裡的題目卡我只以同一單元的課文為例，其他還有一些更實用的錯別字、讀音、成語等知識，其他學科的老師，只要把這種設計替換成考試的內容便可。

看過以上例子後，讀者應該能掌握我的集換式教學桌遊的基本操作，若還有不明白或想了解更多玩法上的細節，還是讓我們透過書本以外的方式交流會更好，例如講座、工作坊之類。

雖然我一開始說過，寫這本書的起因之一，是由於感到用說的太複雜，所以希望用文字固定下來。但唯獨遊戲玩法這部分是例外，因為說明的東西是既複雜又無趣的，而且畢竟是實體卡的關係，有緣的話還是面對面來教學是最好的，省得一堆囉嗦的解釋文字，寫出來也不好看。

更何況，我最希望向讀者分享的，還是集換式桌遊融入了教學以後，改變了師生對課堂的期待，還有為彼此所帶來的快樂。

星——繼志

人們會抬看天上的星星，想像它們連成一線，然後說著那些星圖還會影響人的命運、遭遇和個性，彷彿我們的人生，就是繼承著它的樣子。

有時候，我覺得自己運氣已經夠好了，工作還算順利，生活沒有太大的憂慮，安安穩穩的，大概是否能夠實現甚麼理想，也不太重要了。

但是，漸漸的是學生讓我發現，眼前的點點星火，似乎有著燎原的希望。

最初點火的人，是劉詠君同學。她在高一的時候被我教到，那一年學期末，她突然告訴我說，想要跟我的課一樣，研究開發一套生物科的集換式教學桌遊。

她是一個行動派的人，在告訴我這件事之前，其實已經先找過生物老師商量可行性，並且認真地記錄了她與老師討論的過程。所以，我想她跟這位老師是一對絕佳的例子，便邀請她們二人各寫一篇感言，來告訴各位讀者，集換式桌遊教學帶給她們的改變，我想，這比我在書中說再多都還要管用，更有說服力。

我，劉詠君，一個平平無奇，甚至有一點點「社恐」的轉校高中生，機緣巧合下認識了一個喜歡飲茶、寫作的作家，也幸運地成為了他的學生。

他是我的中文老師，一位致力讓同學們喜歡上中文課的遊戲設計者。毫不誇張地說，他成功了！還記得剛開始的時候，我們班基本上對他的印象都是十分奇怪的，哪有人一開學就對同學們介紹自己寫的書，又跟我們解釋了他想我們推翻對中文科的刻板印象的原因、他如何實踐他的理論，結果過了開學後的兩天才正式上課。但奇怪的是過了整整一年，大家對他的印象和好感度不跌反升！

原本我覺得，中文科算得上是眾多科目中最古板無趣的了，它的內容又多、又複雜、實用性又不大，但就是這個沒趣又一定要修讀的科目被魏俊華老師修葺成為一個兼有趣味性和學習性質的卡牌遊戲。

或許會有人質疑用遊戲的方式來學習是否會讓同學們玩物喪志，我可以實實在在地告訴他們，這遊戲確實能夠讓我們感受到學習是一件快樂的事情。雖然這可能不是大眾心目中的標準學習方法，但不得不承認他的確燃起了我，還有一眾同學們想學習的熱情。

就是這個有趣的學習機制，讓我慢慢地產生了許多有趣的想法，魏老師也是一個十分願意聽從民意的「官方」。所以漸漸地我的身份從普通玩家、高級玩家、構思新卡牌的小助手、到了現在的「官方」旗下的創作者，身份一點一點地轉變，從接受並學習遊戲的玩法，到現在幫忙優化並設計遊戲。

當中的成就感和滿足感，讓我感受到了魏老師的用心良苦。其實他大可不必花這麼多心思去設計一款遊戲讓我們去學習，畢竟學習是學生的本職，他只需要跟普通老師一樣把書本上的知識教會我們，他便可以功成身退了。但他所做的一切行為，卻教會我很寶貴的一課，就是如果將熱愛的事情變得有趣，便能昇華事情的本質。

所以我便產生了一個大膽而有不太可能實現的想法：「我是否能夠把我熱愛的科目——生物，這個很多同學心目中也是無趣又繁瑣的科目，也能像魏老師般把它變得既有趣而又可以讓同學們可以學習到知識呢？」剛好應學校的要求下，魏老師剛剛向老師們推廣了他的教學方法，我便把自己這個荒唐的想法告訴了生物老師——嚴穎芝老師，意外地她沒有反對我的想法，並且十分支持我的行動。

可是光有想法和支持的老師，並不足以支撐起我想達到的事，因為創作一款全新的遊戲從來都不是一件容易的事，更何況現在我需要創作的遊戲是需要涵蓋中學生物科的知識點，也不希望將市面上現有的桌遊如「過字搬紙」般套用在這副生物遊戲上。所以我便與嚴老師一次又一次地討論這個遊戲，雖然從零開始構思是很痛苦和煎熬的過程，但在嚴老師的幫助下，一步步地把我心目中那些想法慢慢地實現出來，從遊戲的構思到卡牌的功能和細節，每一個優化的措施都印證了我當初的想法是可行的。

雖然現在都只是討論了整個遊戲的核心玩法和卡牌的種類，但當我邀請老師和同學去幫忙慢慢地實現這個遊戲的時候，我感覺我已經成功了一大半。從一個微「社恐」的轉校生到一個遊戲的創作者，我認為這並不單是因為我足夠幸運地遇上了一眾十分支持我的老師和同學，和擁有一科熱愛且擅長的科目，更是因為我有幸親身接觸過和體驗過魏老師那新奇而又有趣的學習機制，若不是他，我相信我一定沒有這個勇氣，去把心中那些荒唐的想法告訴給身邊的人。

最後這裏衷心感謝魏老師給我這個榮幸去撰寫這篇感想，更是要感謝我身邊每一個接納我那些奇怪想法的朋友們。

我第一次遇見劉同學，其實是在校外的興趣班。那時候我跟她的身份同樣都是學生，我們一起學習茶禮與茶文化，幸好那時候我已經對茶藝有一些基礎，沒有讓她看到後來成為她的老師的我，笨手笨腳失禮的樣子。

她對於我的中文課的感受，我最欣慰的一件事，是我的教學方法為她所帶來的積極變化，就像我在這本書的前段所分享的學生札記，「改變」這件事我認為是最重要的。她在文中提及的嚴老師，也是我認識了快十年的同事，一直以來她的教學認真、對學生的用心，我都看在眼裡。以下，是她的感言：

讀書時期作文常遇到一個主題——「我的志願」，「老師」往往都是大家心目中的熱門選項，但除我以外。

因為當我還是學生時，上課看著正努力教授知識給自己的老師，心想總是想著：「當一位好老師真不容易呀！」因為我明白要教懂一個學生，尤其是對學習興致缺缺的我，讓我願意主動去學習一個科目是多麼不容易，更何況一個班級內並不只有我一位這樣的學生。

但世事難料，是的，在命運的驅使下我成為了老師，這是我始料不及的事。教學初期，受過傳統教育洗禮的我一開始沿用固有的模式，著重於傳授知識和進度，一頭熱的將自己所學的知識點授與我的學生，卻忽略了教學的真正含義。

曾經有一位學生問我：「生物科好難、內容又多，到底我要怎樣做才能像你一樣讀好這一科？」看著學生因來自讀書的壓力而愁眉不展、掛上痛苦的臉色時，我不禁想，到底有甚麼方法能夠令自己所教的生物科變得有趣一點？從而讓學生對生物科感興趣一些，更能投入課堂呢？我一直認為要先對科目感興趣才能引發學習動機，做到學有所得。

我雖想做出改變，但一直苦於求無良策，加上每日的繁瑣工作令我卻步了。直至這些年，我留意到我班的學生經常在下課時間整理卡牌，與同學交流玩牌的心得，出於好奇我向他們打探卡牌的由來，才得知原來這是魏俊華老師發明的卡牌遊戲。當看見學生們熟練地向我解釋遊戲的玩法和卡牌上的人物角色和詞彙，同時向我炫耀那些透過自己努力換來的稀有卡牌時，我感受到他們對卡牌遊戲的喜愛，他們亦常提及魏俊華老師的中文課是他們的最愛，因為能從學習中收集卡牌，通過卡牌遊戲學習中文，輕鬆快樂多了。

能從遊戲中培養學生的興趣，並能讓他們主動習得相關知識，這不正是我想實現的事嗎？帶著濃厚的興趣我參加了魏俊華老師的培訓，培訓中他分享了他的集換式桌遊教學法，令我獲益良多，也被這個教學法的魅力所吸引。培訓後我萌生起一個想法：生物桌遊。我覺得這教學法不會只侷限於語言文科，理科也能做一個融合，拼發出新的體驗。

興趣有了，想法有了，但正所謂萬事起頭難，起初真不知道應該從哪裏開始。而推動猶豫的我、令我踏出第一步的契機是一位學生：劉詠君同學。她的性格比較主動積極，喜歡參與各項活動，頗有大家長的風範。她對生物科尤其熱衷，因此我們經常聚在一起聊天談生物科。在閒談中，她曾對我透露想設計生物桌遊的想法，她二話不說就答應出一分力，原因是她希望在畢業前能有機會體驗這個遊戲和擁有自己設計的生物卡牌組，於是她利用自己的時間推進整個計畫的落實，與我討論遊戲玩法和改良方案，積極地組織人手幫忙負責卡牌繪圖的設計，更不時提供一些用家的建議，令我有清晰的思路規劃，如何將桌遊教學方法用在我的學科上。

所幸有她身體力行的支持，給了我信心去嘗試、去實踐自己的想法，希望不負她的期待，在不久的將來我們的生物桌遊能夠正式面世，同時希望藉此新穎的教學方式，學生在玩遊戲之餘也能提高學習水平，令學習不再是一件非常痛苦的事情。

我能了解嚴老師的心情，因為自己也是那種一旦開了頭，就會一直把事情掛在心上的人，雖然好處是會不斷產生新的想法，但同時亦會源源不絕地給自己添壓力。所以對於我們這種人來說，「開始」從來就是最難的一關，但只要踏上了旅途，以後遭遇的困難都會迎刃而解。

不過正式接到學校的培訓講座邀請的時候，要給嚴老師和其他同事分享集換式桌遊教學的心得，我總算明白孔明那句「受命以來，夙夜憂歎，恐託付不效」是甚麼樣的心情。所幸那段日子還有《派對咖孔明》這麼一套奇葩的動漫作品，讓我紓解一下煩惱。

雖然故事開頭的穿越設定非常老套，就是大家所知道正史上的孔明，北伐曹魏未捷便病死於軍中，卻帶著遺憾與記憶轉生到現代的東京澀谷，巧遇夢想成為歌手的月見英子（並非黃月英轉世），從此便重拾希望，決心輔助她去追夢，踏上另類的「軍師」旅途，繼續尋求天下太平的夢想，只是換成以音樂去團結人心。

故事中想當然地重現了不少的歷史彩蛋，例如石兵八陣、草船借箭等名策，不過這套動漫還在連載中，所以說到了第二次人生的最後，孔明也還是會再一次夜觀星象，一邊慨嘆地說，自己的人生恐怕又要迎來盡頭了嗎？還是，會有不一樣的結局呢？

如果，我們也有第二次的機會，是否，亦會有不一樣的結局呢？

也許正因為不禁這樣子幻想過，所以甚麼平行宇宙、穿越之類的故事才會大行其道，甚至現在人們時常提及到的元宇宙，難道不也是希望在現實以外，給自己多一次機會，嘗試度過另一種人生嗎？

不過，故事始終是故事，人生中許多事情，我們可能都只有一次機會，讓自己不要後悔。

因此，每當任何一次機會出現在面前的時候，都應該好好地珍惜。

集換式桌遊教學，就是我的契機。

如果它也能夠成為你的，我很榮幸。

魔王

遊戲的最後，通常都有魔王。
最難對付的魔王，通常都是矛盾的。
他成魔有他的理由，他的殘酷伴隨著某種意志。
他的行為在別人眼中，是不合理的，但在他自己的眼中，這合情合理。
所以，沒有感情，就甚麼事情都不會發生。不過，談何容易？
就像遺憾，我們都不希望有，但又好像需要有。
因為體會過，才有可能避免下一次的遺憾發生。

但從來沒有人可以告訴我們，那一條看不到的經驗值，讓自己可以習得「不再遺憾」的技能，到底還需要經歷多少次遺憾，才能夠學會。

也許，詩人也是矛盾的，如果我只是一個單純的老師，就沒有這種煩惱。

姨公死了之後，我才更清楚地看見，自己真是一個很糟糕的人。

他因為行動不便，家人無法照顧，只好把他送去老人院。

一開始他住在我的學校附近，所以我至少一個星期都會去探望他一次。

他時常叫我不要買東西過來，但是，我不太會說話，所以不買東西過來的話，就沒有太多話題可以坐一會。

他喜歡看書，以前還能走路的時候，他就時常自己一個人去附近的書店看書。

所以我每一次去探望他，都會買些書或雜誌，一些不用切就可以現吃的水果。

讓他在我面前吃一些，我也吃一些，簡單聊一下近況，然後我們就靜靜地坐著一起看書，看大概一個小時後才離開。

後來，我就比較少去了，大概兩周到一個月才去一次。

我告訴自己，他應該也習慣了老人院的生活了，如果我太常過去，他也會有壓力，也會擔心我忙。

但是，我從來沒有去問過他，我想問了也沒有用，不會問到真正的答案，而且這樣問也很奇怪。

但是，其實我可以不用管，只要一直付出就對了。

我發現自己最糟糕的問題就是：

我總是在給自己藉口，並沒有真正去了解別人。

但是，我對長輩特別無法，我不知道為何，但我的家庭本來就是這樣。

以至於，我對情人、同學、朋友，甚至學生，都是如此。

所以我失去了好多、好多……

兩年後，姨公換了一家更遠的長者服務中心，不過由於它是慈善團體管理的單位，所以環境跟護理都比之前的老人院更好。

那裡就像把老人當成小孩一樣寵，有規律的飲食與生活。其他老人就像同學，中心就像學校，有課表，要定時定候參加活動、或做物理治療等，還有各種興趣班，把你的作品「貼堂」，重大節日都會佈置得漂漂亮亮。

更有趣的一點，老同學們都有一本記功簿，如果乖乖配合校園生活的話，就會獲得蓋章，然後可以兌換各種零食跟生活日品。

姨公很笨，常常換了一堆零食捨不得吃，放到過期，被家人丟掉。

聽說他臨終前，千叮萬囑家人要把他的零食送給照顧他的護士，然後堅持除掉氧氣罩，拼命啜飲他剩下的最後一盒檸檬茶，就離開了。

原來獎勵對他來說，是如此重要。

這是最後學校能帶給他的幸福，而我只能眼睜睜地看著他痛苦，甚麼也做不到。

雖然最後他住院那幾天，我也有去探望過他兩次，不過那時候他因為急性肺炎非常嚴重的關係，連話都說不清楚。

他沒有特別交代我做甚麼，但我勉強能聽出來，他是說，希望我們不要看著他離開。

我想他是不希望我們在他離開以後傷心、難過，想起那些畫面。

對，我很害怕，也很自私。

他搬了家以後，車程也不過一小時，但我還是很少去看他。從一開始的時候一個月左右一次，到後來兩、三個月一次，尤其近年疫情反覆，我已經記不清最後一次有多久，沒有去中心看望他了。

因為每一次離開，我都很煎熬，那種滋味很不好受，但我又無法像從前一般時常來探望他。

我還答應過他，要帶他去附近走走，但是我沒有做到。

我甚至想過偷偷載他回家看看，他離開家快五年，到死的時候，結果都沒有機會回真正的家一次。

每次我想到這一點，都極為難過，因為我在小時候的暑假，也時常被父母寄放在那個家裡。

但是他的病情發生得太突然，才一個星期就走了，事前沒有任何跡象。

昔人已往，已經無法再為他做些甚麼。

但今者猶在，是否還可以做些甚麼？

曾經有學生問我，為何今年不寫生日卡了。

是的，我很愛寫，從小時候就愛寫，例如聖誕卡，也很期待別人會回送給我。不回的，我還會去「追數」。

但後來我發現，始終有些是追不回來的，我便漸漸覺得，不用為了別人做那麼多。

是我太計較回報嗎？是的，那時候。

但我長大了，成為了老師以後，多了一份責任感，我又回復本性，很拼命地為學生寫字。

直到第十年的時候，我幾乎不寫了，以前不管熟不熟悉，都會寫滿一張，現在只會簡單地寫一句 happy birthday 和幾句話。

因為我花了更多的時間在文學圈上，每一個學生的帖文我都會認真閱讀、思考和回覆。

看，我又在給自己找藉口了。

但是，漸漸地我也發現，他們有些是再也不會回來的，我生日的時候，也沒有幾個人會記得。

不過我是故意的，我從不在社交媒體的資料上公開生日，發佈蛋糕跟禮物的照片，通常也是在過了生日以後。

畢竟我在學生時代早已習慣了，不配有祝福，因為自己生日的時候，剛好就是暑假的開始，加上家管嚴，不太讓我跟同學出去玩。

久而久之，我變得在受到別人任何祝福的時候，都會感到很彆扭，難為情。

其實，我也不是奢望他們能說些甚麼，簡單一句生日快樂我也很開心，至少他們還記得。

我已經寫了快十年，夠了吧，算是彌補了某種遺憾，雖然方式有點奇妙。

甚至現在我還記得他們每一個的生日，還是每一年都會手寫在月曆上。我不希望是被機械人提醒，所以隨緣，剛好看到的時候，尤其是剛畢業一兩年的學生，還剩餘一些話題可以說的時候，我都還會發一句生日快樂到微信，順便問一下大學以後的近況。

不過，也僅止於此了。

結束了關係，大家自然就會分道揚鑣。

這種道理我是最清楚不過了，不是嗎？

所以，回到一開始的問題，為甚麼要寫書呢？

除了因為用說的很麻煩以外，說到底還是為了自己。

所以，我寫這本書也不是為了別人，就是為了自己。

那些歷史上的文學家、思想家，也是一樣，他們通通都是為了自己。

為甚麼教科書一定要把他們說得這麼偉大？

所以我們為甚麼要讀他們的作品呢？為甚麼要感受呢？

自然也是為了自己。

為了自己可以成為更好的人，留下一些文字也好、音樂也好、繪畫也好。

告訴世人自己存在過。

請帶著生命中的各種遺憾，去創作。

我絕對可以肯定，你會有所收穫。

謝幕

總是在出版的事情上，給予我最大幫助的文友洛書。幫忙設計封面，巧合地跟我一樣喜歡卡牌的設計師葉綠素。支持我的教學工作的施利華主任。認同我的教學方式和願意嘗試實踐的嚴穎芝老師和劉詠君同學。曾經幫助我畫過卡牌圖案，畫功了得的同學們，太多了不能盡錄，但想提一下才華橫溢的官婉怡同學，希望你還是能夠勇敢地去讀中文系，畢業後回來搶我的飯碗。還有最後是教學桌遊研發班，或其他上課聽過我的夢想，聽得懂我即興地高談闊論的同學們。以上，謝謝，希望你們都喜歡這本書。

附圖一　學生札記（一）

我覺得今年嘅中文堂同以往嘅差別真係好大，以前嘅
中文堂就係不斷嘅抄筆記和背野，有時會覺得背嚟好
似冇咩用，好似係為咗分數嚟背嘅一樣。但今年真係
唔同咗，雖然冇咗抄野嘅過程，進度都好似慢咗啲，
但俾我嘅感覺就係充實咗，做嘅野都變得有意義咗。
我覺得咁樣先會令我學到更深層嘅野。同埋我都覺
得你教得好好，你講嘅道理係真嘅有道理，
上你嘅堂完全唔會悶，甚至仲會期待上中文堂添！

附圖一　學生札記（二）

心得
其实对于我来说，上中文堂一直都是一件轻松
的事，不同的老师会有不同的教法，今年的中文堂
我觉得是比往年更有意思，虽然可能因人而异，
可能有些同学会觉得太过花里胡哨，但相信大多数
同学和我一样，更加喜欢上中文堂。现在上中文堂
就真的是场游戏，大家都乐在其中，而我也在不知
不觉也学会了很多东西。而在做文学圈的时候也
能分享自己的见解，有很多同学分析到　更深入
的意思，而且大部分都是我不知道的，使我获益
匪浅。在卡片游戏上，我认为可以拍视频来讲解，
因为一开始真的是一窍不通，而「小老师」在教的时候
难免也会出错，所以我认为用视频来做教程能

附圖三　學生札記（三）

魏sir，你嘅中文堂係唯一唔悶嘅中文堂，
仲有好多唔同嘅活動吸引我哋去玩。
如果唔係卡牌獎勵，我覺得我唔會主動
上去present。所以呢啲活動都好幫助我
去變得主動啲，同有勇氣去表達自己，仲

附圖四　學生札記（四）

啱開學嗰陣，聽到少默書、少測驗，估分都比較輕嗰陣，
係真係好驚喜、好開心，畢竟大佬，邊個鍾意測驗考試啊？跟着
聽到話要搞文學圈跟着我就諗乜鬼嘢？？文學圈？未聽過！我諗
都係水兩何嘅事，不過點知！唔水仲好，水得嚟依家越嚟越認真，
一開始篇嘢可能要先一個鐘，依家兩三個鐘一篇係正常，試過
有篇搞咗成晚，跟着覆下人咁成日就冇咗。Sir，喺入面都係開心！
可以將唔少我所認為有意思的東西通過文學圈的話題寫出嚟。

童年孔子。公元前 551 年生
於魯國。傳說他年幼時喜歡
用祭祀的禮器玩禮儀遊戲。
可從牌組找出禮儀遊戲入手
土+20
LV1
附圖六

童年孔子（禮儀遊戲）。LV1
生活靈感+20
W001
附圖五

李煜，又稱李後主，南唐亡
國君主，多情而富才華，善
寫詞及書畫，被稱千古詞帝
出場後可棄置對方的場地卡
水+50 金-20
LV2
附圖八

童年孟子，小時候被媽媽斷
機教育，搬家三次後才乖乖
讀書，長大後很會說服別人
可從牌組找出斷機教子入手
水+20
LV1
附圖七

附圖九

嫦娥，神話人物。因與丈夫
后羿被貶凡間而不服，偷吃
靈藥後飛至月宮，孤獨終生
出場找出一張中秋系列入手
火、土+50
LV3

附圖十

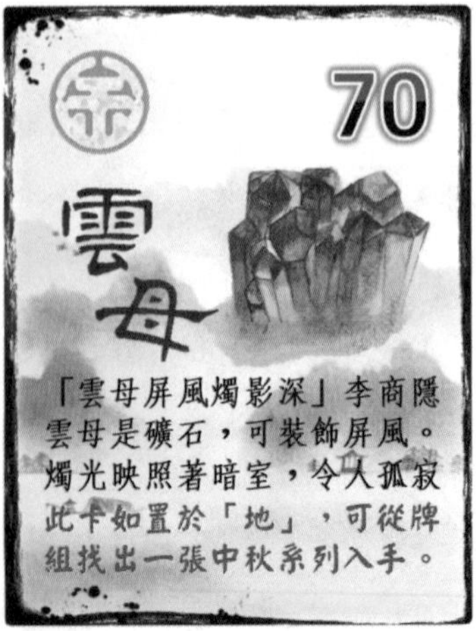
70
雲母
「雲母屏風燭影深」李商隱
雲母是礦石，可裝飾屏風。
燭光映照著暗室，令人孤寂
此卡如置於「地」，可從牌
組找出一張中秋系列入手。

附圖十一

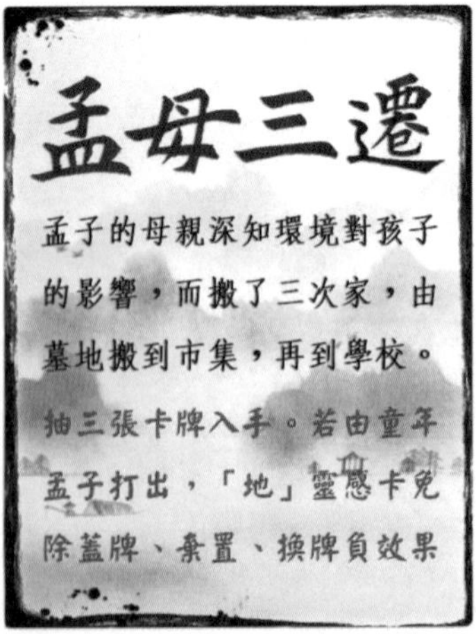
孟母三遷
孟子的母親深知環境對孩子
的影響，而搬了三次家，由
墓地搬到市集，再到學校。
抽三張卡牌入手。若由童年
孟子打出，「地」靈感卡免
除蓋牌、棄置、換牌負效果

附圖十二

莊子，喜說寓言的道家，與
惠子於濠梁上辯知魚之樂。
「地」的牌面靈感值可任意
調整：加或減五十點及以內
土+50
LV3

附圖十三

20
神龜
《莊子・秋水》寫莊子以神
龜寧願活著在泥中打滾為喻
拒絕楚王的使者邀請他出仕
只可置於「地」，然後對方
該角色結算前不能再抽牌。

附圖十四

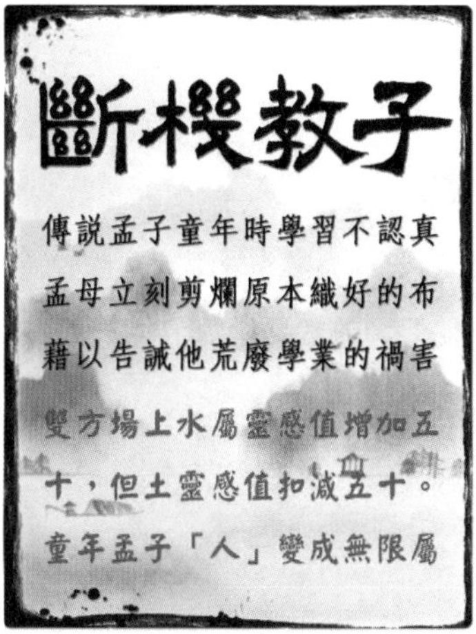
斷機教子
傳說孟子童年時學習不認真
孟母立刻剪爛原本織好的布
藉以告誡他荒廢學業的禍害
雙方場上水屬靈感值增加五
十，但土靈感值扣減五十。
童年孟子「人」變成無限屬

附圖十五

李煜，亡國後被封違命侯，
遭軟禁在汴京三年後被毒殺
對方「地」「人」不能打出
牌面靈感值四十以上的卡牌
水、金+20
LV3

附圖十六

10
猿石
傳說遠古時的澳門是猿人國
猿王將忠義的猿臣處死或放
逐，化為路環龍爪角的奇石
此卡若置於「人」的位置，
可從牌組找出一張場地入手

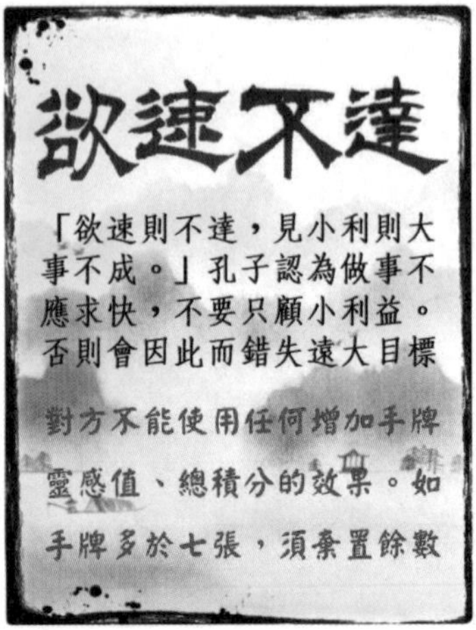
欲速不達
「欲速則不達，見小利則大事不成。」孔子認為做事不應求快，不要只顧小利益。否則會因此而錯失遠大目標
對方不能使用任何增加手牌靈感值、總積分的效果。如手牌多於七張，須棄置餘數

附圖十八

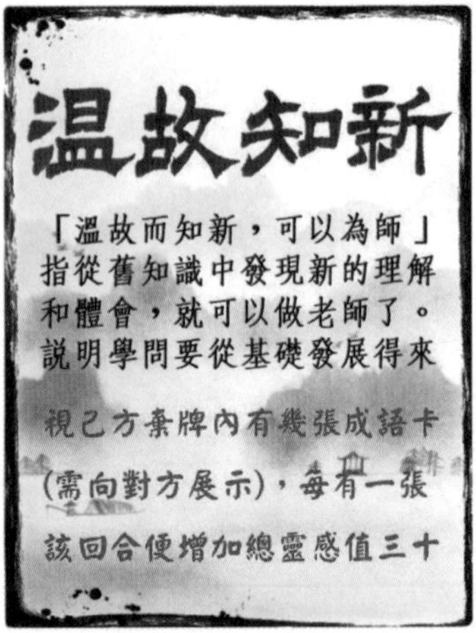
温故知新
「溫故而知新，可以為師」指從舊知識中發現新的理解和體會，就可以做老師了。說明學問要從基礎發展得來
視己方棄牌內有幾張成語卡(需向對方展示)，每有一張該回合便增加總靈感值三十

附圖十七

40
枯骨
「其腰已上生肉如人，腰下但有枯骨」《列異傳》裡談生發現妻子的半身竟是枯骨
己方棄置一張火屬靈感手牌然後對方「月」的位置失效

附圖二十

0
哂
「夫子哂之」哂是譏諷的笑因為子路過於自信，不謙讓孔子笑了，笑到你心裡發寒
此牌可蓋牌置於「月」位置對方所有水屬靈感值歸零。

附圖十九

附圖二一

「春花秋月何時了，往事知多少」李煜不忍回首昔日。
春花
秋月
技能卡。可複製一次己方場上的靈感，但紅字效果無法再發動，該回合仍抽一張牌

附圖二二

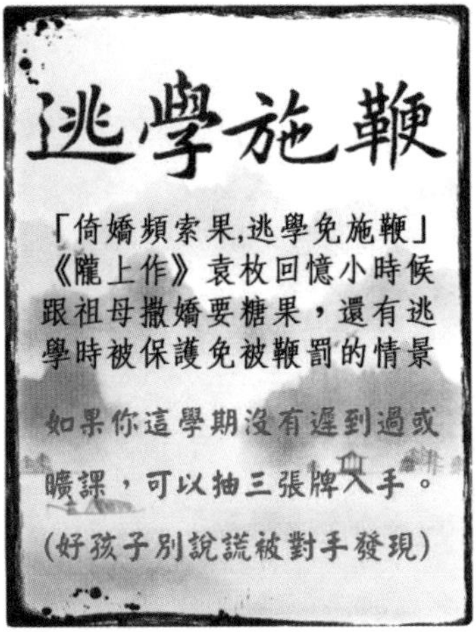
逃學施鞭
「倚嬌頻索果,逃學免施鞭」《隴上作》袁枚回憶小時候跟祖母撒嬌要糖果，還有逃學時被保護免被鞭罰的情景
如果你這學期沒有遲到過或曠課，可以抽三張牌入手。
(好孩子別說謊被對手發現)

附圖二三

李煜，又稱李後主，南唐亡國君主，多情而富才華，善寫詞及書畫，被稱千古詞帝
出場後可棄置對方的場地卡
水+50 金-20 LV2

附圖二四

孟子，名軻，主張人性本善以民為先的儒家，被稱亞聖
每打出一張「孟子系列」靈感卡，立即獲得一點總積分
火+40 土+10 LV2

附圖二六

莊子，戰國道家，與孟子同
時，當過漆園小吏，藉庖丁
解牛喻指人應避開複雜世事
完成土屬靈感組合積分乘三
土+30 火+20 LV2

附圖二五

蘇軾，北宋文學家，遊歷赤
壁時寫下連結古今的念奴嬌
可將雙方場上一張木屬轉成
金屬，但屬性不符須蓋牌。
木+30 金+20 LV2

附圖二七

司馬遷，字子長，漢武帝時
史官。年青時漫遊天下，了
解各地風土民情、歷史地理
打出《史記》可多找一張牌
金+40 土+20 LV2

附圖二八

莊孟之辯
繼問政於孟子後，梁惠王又請來了莊子。
梁惠王
寡人之於國也，盡心焉耳矣。河內凶，則移其民於河東，移其粟於河內，河東凶亦然。察鄰國之政，無如寡人之用心者。鄰國之民不加少，寡人之民不加多，何也？
孟子
莊子
大王遊心於淡，合氣於漠，順物自然而無容私焉，而天下治矣，則百姓安樂，天下歸順
子非我，安知我不知百姓之樂？！？！
子非百姓，安知百姓之樂？！
我非子，固不知子矣；子固非百姓，子之不知百姓之樂，全矣！
請循其本。子曰「汝安知百姓樂」云者，既已知吾知之而問我。我知之殿上也！
兩位愛卿不要再打了，要打去練舞房打～
朽木不可雕也，糞土之牆不可杇也！
寡人的奏章啊
閣下何不同風起，扶搖直上九萬里！
來人！

附圖三十

場地卡。雙方場上如有靈感同屬，己方可獲得一點積分然後從棄牌抽一張牌入手。
濠是河名，梁即橋。莊子和惠子爭論知魚之樂的地方。
濠梁

附圖二九

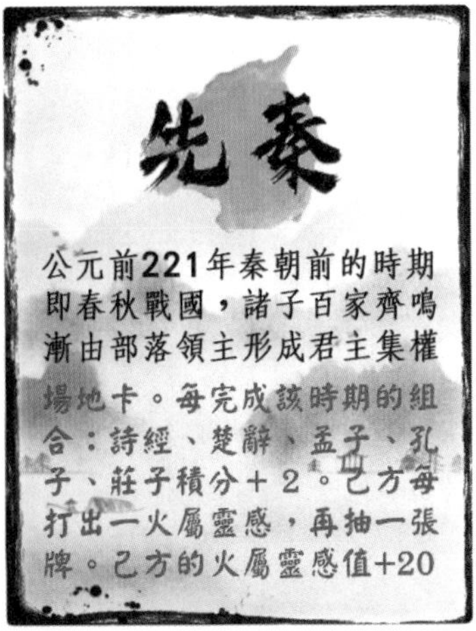

先秦
公元前221年秦朝前的時期即春秋戰國，諸子百家齊鳴漸由部落領主形成君主集權
場地卡。每完成該時期的組合：詩經、楚辭、孟子、孔子、莊子積分＋2。己方每打出一火屬靈感，再抽一張牌。己方的火屬靈感值+20

附圖三一

技
天
場
地
角
人
星
日
月

附圖三二

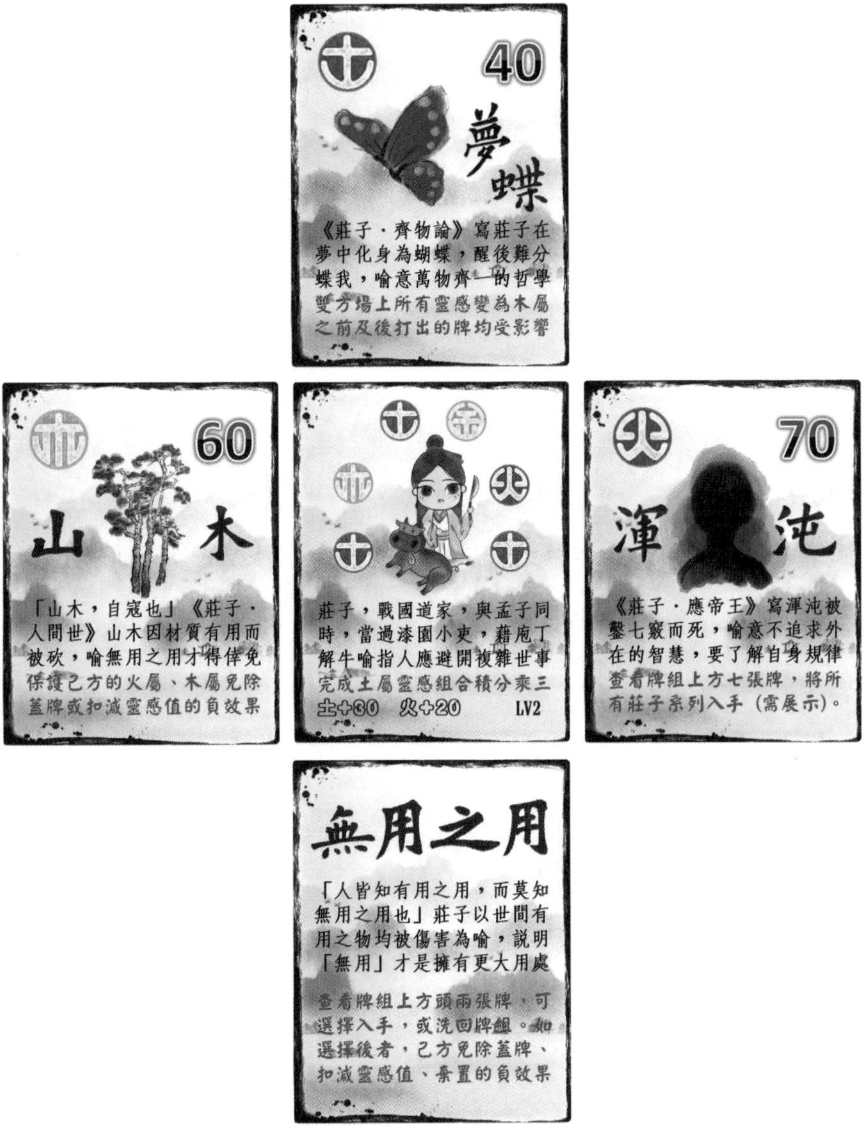
40
夢蝶
《莊子．齊物論》寫莊子在夢中化身為蝴蝶，醒後難分蝶我，喻意萬物齊一的哲學
雙方場上所有靈感變為木屬之前及後打出的牌均受影響
60
山木
「山木，自寇也」《莊子．人間世》山木因材質有用而被砍，喻無用之用才得倖免
保護己方的火屬、木屬免除蓋牌或扣減靈感值的負效果
莊子，戰國道家，與孟子同時，當過漆園小吏，藉庖丁解牛喻指人應避開複雜世事
完成土屬靈感組合積分乘三
土+30 火+20 LV2
70
渾沌
《莊子．應帝王》寫渾沌被鑿七竅而死，喻意不追求外在的智慧，要了解自身規律
查看牌組上方七張牌，將所有莊子系列入手（需展示）。
無用之用
「人皆知有用之用，而莫知無用之用也」莊子以世間有用之物均被傷害為喻，說明「無用」才是擁有更大用處
查看牌組上方頭兩張牌，可選擇入手，或洗回牌組。如選擇後者，己方免除蓋牌、扣減靈感值、棄置的負效果

附圖三三

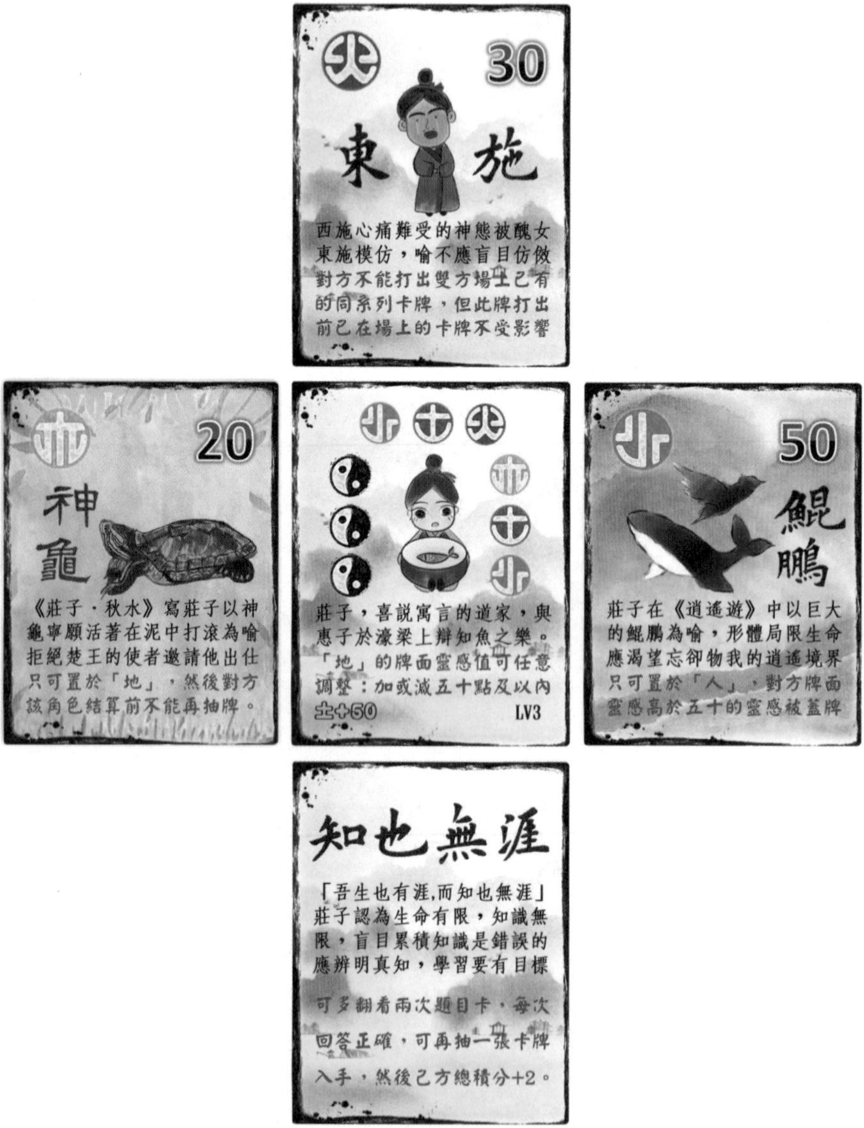
30
東施
西施心痛難受的神態被醜女
東施模仿，喻不應盲目仿傚
對方不能打出雙方場上已有
的同系列卡牌，但此牌打出
前已在場上的卡牌不受影響
20
神龜
《莊子．秋水》寫莊子以神
龜寧願活著在泥中打滾為喻
拒絕楚王的使者邀請他出仕
只可置於「地」，然後對方
該角色結算前不能再抽牌。
莊子，喜說寓言的道家，與
惠子於濠梁上辯知魚之樂。
「地」的牌面靈感值可任意
調整：加或減五十點及以內
土+50
LV3
50
鯤鵬
莊子在《逍遙遊》中以巨大
的鯤鵬為喻，形體局限生命
應渴望忘卻物我的逍遙境界
只可置於「人」，對方牌面
靈感高於五十的靈感被蓋牌
知也無涯
「吾生也有涯,而知也無涯」
莊子認為生命有限，知識無
限，盲目累積知識是錯誤的
應辨明真知，學習要有目標
可多翻看兩次題目卡，每次
回答正確，可再抽一張卡牌
入手，然後己方總積分+2。

附圖三四

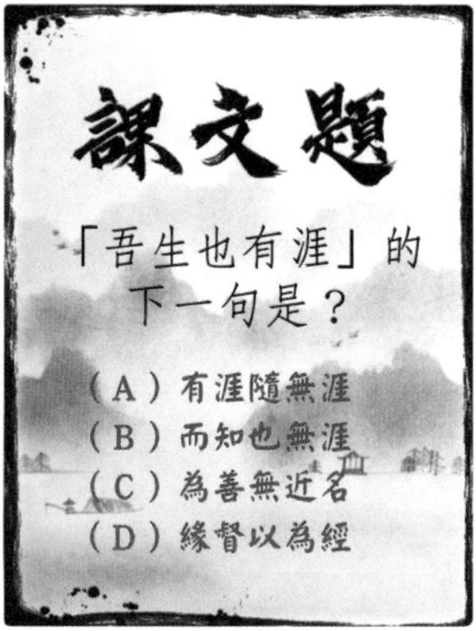
課文題
「吾生也有涯」的
下一句是？
（A）有涯隨無涯
（B）而知也無涯
（C）為善無近名
（D）緣督以為經

附圖三五

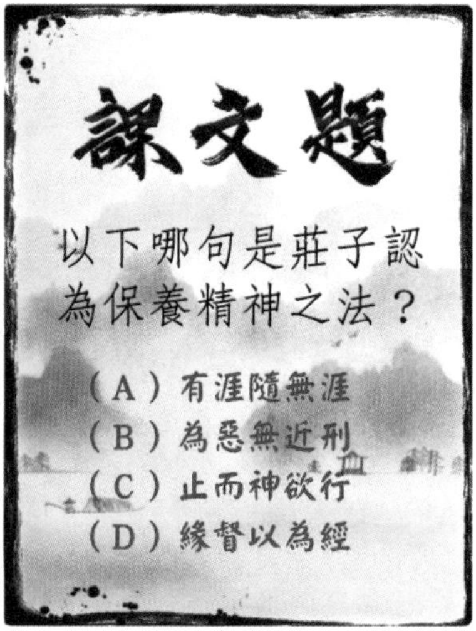
課文題
以下哪句是莊子認
為保養精神之法？
（A）有涯隨無涯
（B）為惡無近刑
（C）止而神欲行
（D）緣督以為經

國家圖書館出版品預行編目（CIP）資料

集換式桌遊教學 / 嗚弦著 . -- 初版 . -- 新北市 :
斑馬線出版社 , 2023.07
面； 公分
ISBN 978-626-96854-5-5（平裝）

1. CST: 教學設計 2. CST: 教學法

521.4 112008309

集換式桌遊教學

作　　者：嗚　弦
總 編 輯：施榮華
統　　籌：洛　書
封面設計：葉蒨雯、余佩蓁

發 行 人：張仰賢
社　　長：許　赫
副 社 長：龍　青
出 版 者：斑馬線文庫有限公司
法律顧問：林仟雯律師

斑馬線文庫
通訊地址：234 新北市永和區民光街 20 巷 7 號 1 樓
連絡電話：0922542983

製版印刷：龍虎電腦排版股份有限公司
出版日期：2023 年 7 月
I S B N：978-626-96854-5-5
定　　價：340 元